비즈니스 스킬 출장

- ✓ 중국인보다 더 **중국인**스럽게!
- ✓ 중국을 오고 가는 **출장길** 완전 정복!

중국어 8 先生

<팔선생>은 누구나 **쉽고 재미있게** 접근할 수 있는 교재입니다.
<팔선생>을 통해 즐겁게 중국어와 중국문화를
공부하시고 경험하시길 바랍니다.

CARROT HOUSE
中国北京市通州区大运河开发区运河明珠2号楼2单元2172

八先生 중국어 - 비즈니스 스킬 출장

© Carrot House

All rights reserved. No part of this publication may be reproduced,
stored in a retrieval system, or transmitted, in any form or by any means,
without the prior permission in writing of CARROT HOUSE.

First published July 2017

Author: Carrot Language Research & Development Department

ISBN 978-89-6732-244-1

Printed and distributed in Korea
9th Fl., 488 Gangnam St., Gangnam-gu, Seoul, South Korea 06120

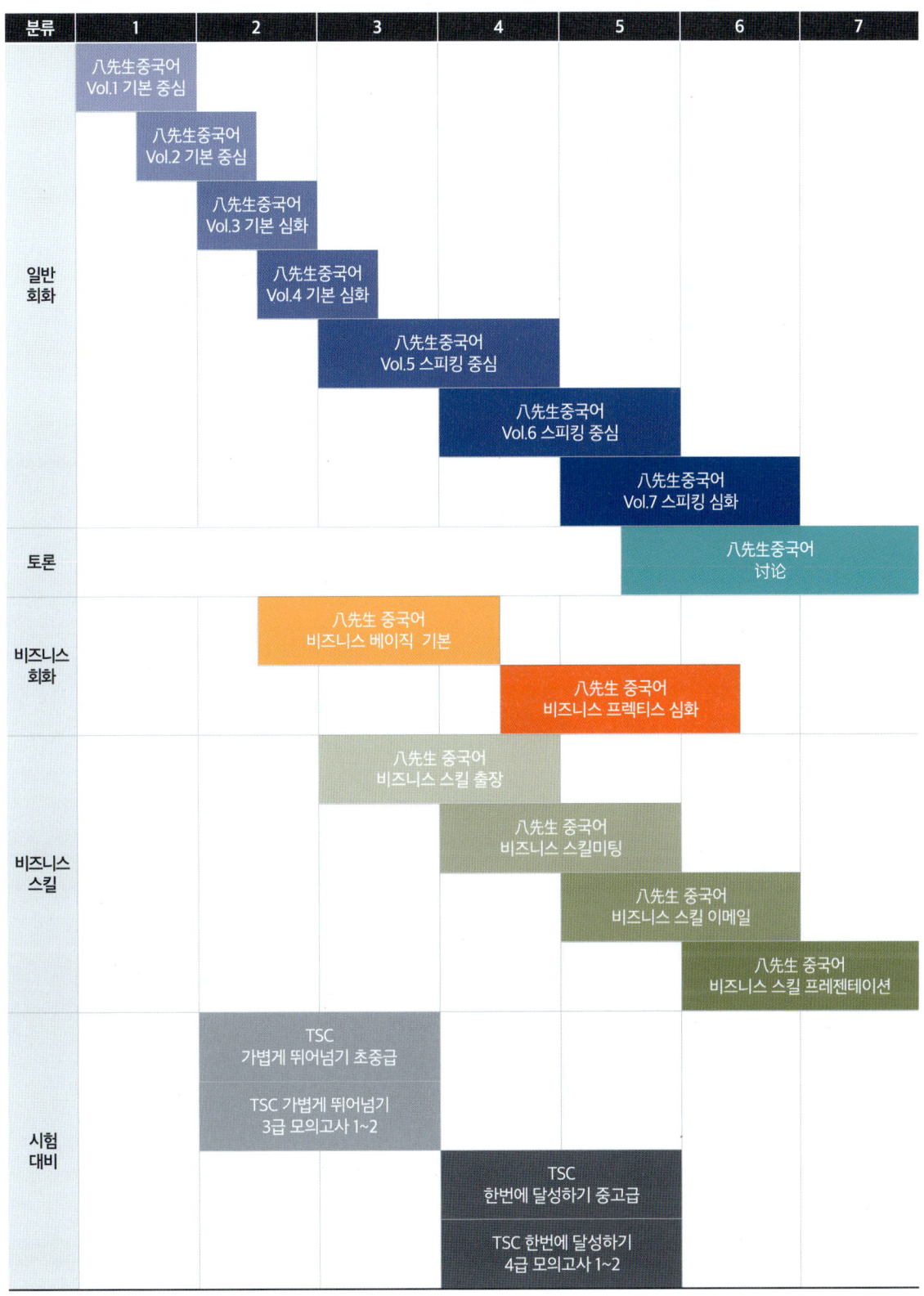

중국에 대한 이해

중국(中國)은 본래 고대 중원 지방을 뜻하였으나, 현재는 나라의 이름을 뜻하는 고유명사이다. 중국의 정확한 국명은 '중화인민공화국(中华人民共和国)'이며 1949년 10월 1일에 건국되었다.

중문 국명 | 中华人民共和国(중화인민공화국)
영문 국명 | The People's Republic of China(P.R.C.)
국명 약칭 | 中国(China)
수도 | 북경(北京)
건국일 | 10월 1일
표준어 | 한어(汉语) 또는 보통화(普通话)
화폐 | 인민폐(RMB)
시차 | 한국보다 1시간 느림
정치 제도 | 인민공화국(입헌공화제)
인구 | 약 13억 7천 만명
민족 구성 | 한족(汉族), 장족(壮族), 만주족(满族) 등 56개 민족
주요 종교 | 불교, 도교, 기독교, 회교
국토 면적 | 959만 6960 제곱 킬로미터

팔선생 이야기

중국에서 先生(선생)은 영어 'Mr.'를 의미하며, 八(8)은 번영과 발전을
의미하는 发(發)와 발음이 비슷하여 중국에서는 누구나 좋아하는 숫자입니다.
八先生은 누구에게나 친숙하고 누구나 좋아하는 사람을 지칭하기도 하죠.
팔선생은 누구나 쉽고 재미있게 접근할 수 있는 교재입니다.
팔선생을 통해 즐겁게 중국어와 중국문화를 공부하시고 경험하시길 바랍니다.

❶ 캐럿 하우스 방법론 - 성인 교육학 접근 및 생산적인 중국어와의 관계

교육학은 학습자들로 하여금 생각을 한 곳으로 모으게 하고 학습 훈련을 지속적으로 강화하는데 그 목적이 있습니다. 아이들을 가르치는 교학과 성인을 가르치는 학습의 특징 및 과정은 분명 다릅니다. 성인 교육은 상대적으로 자유로운 학습 환경을 제공하는 교육 분야라고 볼 수 있습니다. 그렇기 때문에 다양한 생각과 행동적 학습이론을 추구할 수 있고 학습자들은 자발적으로 지속적인 학습이 가능한 대상이 될 수 있습니다.

사실, 대다수의 사람들은 외국어를 학습할 때 대화의 완성도를 완벽하게 만들어 내기 위해 노력하고 있습니다. 특히, 구술 및 작문 영역에 있어서 언어를 활용한 생산적 기술을 잘 갖추게 된다면 그들은 중국어로 소통하는 장에서 자신의 역량을 마음껏 발휘할 수 있을 것입니다. 그리고 바로 이 점이 학습자들의 생산적인 기술을 향상시킨 캐럿 하우스 커리큘럼만의 비결이라고 생각합니다. 캐럿 하우스 커리큘럼이 제시하는 성인 학습의 특징은 치열한 경쟁 시대 속에서 학습자들이 생산적인 외국어 학습을 위해 소통의 스킬을 스스로 성취할 수 있도록 역량을 키울 수 있도록 한다는 점입니다. 이렇듯, 캐럿 하우스의 교수철학과 커리큘럼은 모든 중국어 학습자들의 "성공을 위한 언어"라는 목표를 이룰 수 있도록 구성되어 있습니다.

❷ 공동체 언어학습법

언어습득의 필수 요소인 공동체 언어학습법은 숙련된 강사가 학습자가 이해할 수 있는 강의안을 제공하고 학습자 각자가 가지고 있는 문제 및 상황을 그대로 받아들이고 이해하는 상호 작용 속에서 언어 학습을 진행하는 방법입니다. 이 때, 학습자들은 자신에게 주어진 학습 기회를 최대한 활용할 수 있습니다. 특히, 공동체 언어학습법은 외국어 음운학 분야에서 응용하고 있는 방법으로, 언어를 보다 실용적으로, 보다 확실하게, 보다 기술적으로 사용하기 위한 학습자들에게 최적화 되어 있다고 볼 수 있습니다.

교재개요
Chapter Composition

| 주요 학습대상 |

"八先生 중국어 비즈니스 스킬 출장"은 주입식 형태의 "중국어 비즈니스"의 틀을 깨고, 기초를 차근차근 쌓은 중고급 레벨의 학습자를 위한 교재입니다. 중국어 비즈니스와 관련된 표현들과 용어들을 학습할 수 있도록 실제 현장에서 자주 사용하는 주제로 구성했습니다. 꾸준한 공동체 언어학습법을 통해 학습자들은 다양한 상황 속에서 중국어로 유창하게 표현함으로써 자신의 언어적 생산성을 높일 수 있을 것입니다.

| 교재 활용법 |

학습 목표
각 과의 학습 목표를 통해 해당 내용의 방향성을 파악합니다.
- 학습자가 학습 목표를 살펴보고 주요 학습 내용을 이해합니다.
- 학습 목표가 제시하는 핵심 단어를 통해 학습자는 각 과의 특징을 인지합니다.

주요 패턴
각 과의 주요 패턴을 통해 중국어의 문법적 구조를 파악합니다.
- 학습 목표가 제시한 비즈니스 상황으로 어떠한 것들이 있는지 학습자 스스로 생각할 수 있습니다.
- 학습자는 각 과별로 설정된 비즈니스 상황에 맞는 핵심 패턴을 파악할 수 있습니다.

情景对话
사진 속 상황과 관련 단어를 응용하여 다양한 상황을 설정할 수 있습니다.
- 각 과별에 맞는 사진을 보면서 관련된 핵심 단어를 활용하여 학습자가 중국어로 표현할 수 있습니다.
- 주어진 사진 속 상황에 맞게 중국어로 표현하여 학습자가 본문에서 전개될 비즈니스 상황을 유추할 수 있습니다.

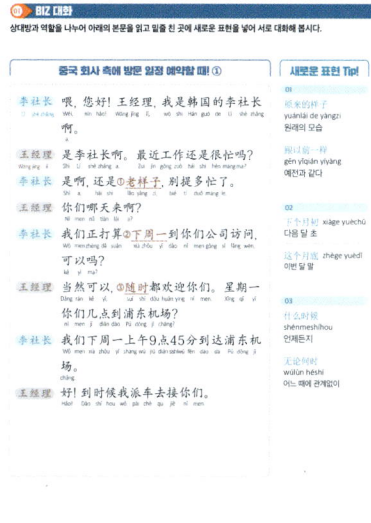

BIZ 대화

비즈니스 상황에서 중국어 말하기를 연습하기 위해 역할을 나누어 대화를 연습합니다. 이 때, 학습자들이 의사소통능력과 유용한 표현을 활용할 수 있도록 유도합니다.

· 대화를 연습하기 위해 학습자들이 각각의 역할을 정하도록 합니다.
· 학습자들이 맡은 각자의 역할에 대해 서로에게 조언을 전달합니다.

새로운 표현 Tip!

본문 내 주요 단어 또는 표현을 활용하여 근의어 또는 유의어를 학습할 수 있습니다.

· 본문 내 주요 단어 또는 표현을 활용하여 근의어 또는 유의어를 학습할 수 있습니다.
· 학습자가 새로운 표현이 들어간 문장을 읽고 연습함으로써 정확한 패턴 구조를 다시 한 번 전달할 수 있습니다.

BIZ 단어

각 과별로 주어진 상황에서 자주 사용하는 단어를 학습할 수 있습니다.

· 각 단어의 앞에 놓여진 체크박스를 활용하여 최소 2회 읽고 말하기 연습을 합니다.
· 각 단어의 병음 및 뜻뿐만 아니라 품사까지 정확하게 암기할 수 있도록 연습합니다.

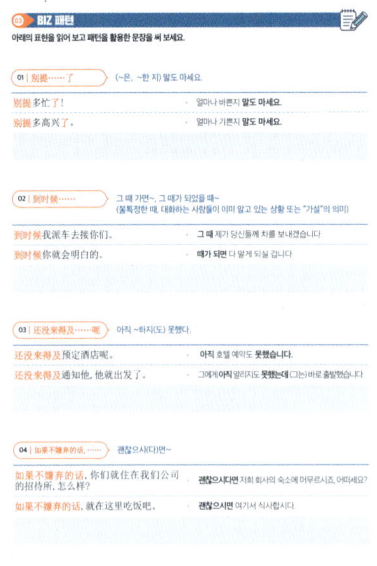

BIZ 패턴

각 과의 주요 패턴에서 제시된 문형을 바탕으로 완벽하게 암기할 수 있습니다.

- 각 과의 패턴을 활용하여 본문에서 등장한 문장 및 새로운 예문을 학습할 수 있습니다.
- 제시된 해석만 보면서 중국어 예문을 직접 작성할 수 있습니다.

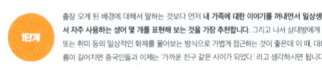

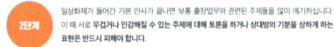

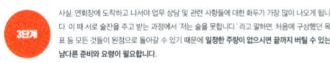

BIZ 출장 Tip!

실제 중국과 관련된 출장에서 전개되는 상황에 따라 자주 사용하는 표현을 수록하였습니다.

- 실제 출장에서 겪을 수 있는 사례들을 1과부터 8과까지 차례로 수록하여 출장 일정에 도움이 될 수 있도록 수정하였습니다.
- 각 과별에 수록된 중국어 단어를 통해 실제 중국에서 사용하는 표현을 보다 빠르게 파악하고 이해할 수 있습니다.

BIZ 롤플레이 및 BIZ 토론

다양한 비즈니스 상황 속에서 학습자들이 다양하게 대답할 수 있도록 유도하여 각 주제별 상황 및 비즈니스 대화 기술을 적용할 수 있도록 지도할 수 있습니다.

- 학습자들 스스로 역할을 정하도록 합니다.
- 학습자는 이미 제공된 배경 지식 및 정보를 활용하여 대화 및 롤플레이를 구성합니다.
- 각각의 대화 및 롤플레이의 구성에 대해 학습자들이 서로에게 충분한 조언을 전달합니다.
- 각 과별로 살펴볼 수 있는 2가지의 상황을 준비합니다.

复习

각 과의 전체 내용 중 가장 인상 깊었던 내용을 학습자가 직접 표현할 수 있도록 진행합니다.

- 각 과에서 기억하고 있는 표현이 무엇인지 학습자 스스로 직접 말할 수 있습니다.
- 자신의 상대방에게 해당 표현을 기억하고 있는 이유에 대해 서로 질문해 보고 내용을 공유할 수 있습니다.

八先生 중국어
비즈니스 스킬 | 출장

目录

	과명	학습 목표	주요 패턴	페이지
제1과	下周一到你们公司访问。 다음주 월요일에 귀사 측에 방문하겠습니다.	· 중국 거래처 또는 현지 바이어와의 연락 및 방문 일정 예약 · 중국 방문시, 진행 일정에 대한 의견 공유	· 别提……了 · 到时候…… · 还没来得及……呢 · 如果不嫌弃的话……	11
제2과	社长, 路上辛苦了。 사장님, 오시느라 수고 많으셨습니다.	· 출장 중 현지 직원들을 통해 업무 파악 · 현지 직원들의 입장에서의 현장 관찰 및 문제점 전달	· ……了 · 好像…… · 下来…… · 把	19
제3과	我决定取消其他行程。 저는 다른 일정을 취소하기로 결정했습니다.	· 현장 시찰 후 그에 대한 소감 공유 및 일정 조율 · 구두를 활용한 계약 의사 표현 및 현장 에서의 활용	· 不瞒你说…… · 经过…… · 怎么…… · 什么	27
제4과	这个车间有多少职员? 이 공장에 몇 명의 직원이 있습니까?	· 현장 참관 시 상용 어휘 및 주요 표현 활용 · 중국 현지 공장 참관 시, 관련 상황 및 정보에 대한 정확한 이해	· 跟……相比 · 由……负责 · 由于 · 越 A 越 B	35
제5과	韩中双方各有三十位参加。 한중 양측 각각 30분께서 참여하십니다.	· 중국 현지 행사와 관련하여 담당자와 상황 파악 · 한중 양국 공동 행사를 통한 우호적 관계 형성	· 大概…… · 估计…… · 동사+得…… · 能不……吗?	43
제6과	请大家举杯! 여러분, 모두 잔을 들어주세요!	· 송별 모임에서 자주 사용하는 표현 학습 및 활용 · 중국인과의 동석 모임 또는 자리에서의 친밀감 형성	· 为…… · 以……的名义 · 向 A 表示 B · A 代表 B	51
제7과	我们取得了好成果。 우리는 좋은 성과를 얻어냈습니다.	· 보고 및 평가와 관련된 표현 학습 및 활용 · 귀국 후 출장 기간 동안의 업무 및 결과에 대한 보고 및 평가	· 不仅 A, 而且 B · 并…… · 仅…… · 一方面 A, 另一方面也 B	59
제8과	你的BCT成绩怎么样? 당신의 BCT 성적은 어떻습니까?	· 중국 출장 일정에 대한 준비성 인식 · 중국 출장 중 실제 겪는 상황에 대한 파악	· 还有…… · 最少也得…… · 好好儿…… · 多……	67

제1과

下周一到你们公司访问。

다음 주 월요일에 귀사 측에 방문하겠습니다.

 학습목표
01 중국 거래처 또는 현지 바이어에게 연락하여 방문 일정을 예약할 수 있습니다.
02 중국에 방문했을 때, 진행될 일정 내용이 무엇인지 서로 의견을 나눌 수 있습니다.

 주요 패턴
01 "别提……了"
02 "到时候……"
03 "还没来得及……呢"
04 "如果不嫌弃的话……"

情景对话 | 다음 사진을 보면서 아래의 단어들을 활용하여 주어진 상황에 대해 중국어로 말해보세요.

상황 ▶ 출장 가기 전, 중국 현지 담당자와 통화를 하고 있습니다.

| 打算 | 满意 | 访问 | 添麻烦 | 帮忙 |

01 BIZ 대화

상대방과 역할을 나누어 아래의 본문을 읽고 밑줄 친 곳에 새로운 표현을 넣어 서로 대화해 봅시다.

중국 회사 측에 방문 일정 예약할 때! ①

李社长 (Lǐ shè zhǎng): 喂, 您好! 王经理, 我是韩国的李社长啊。
Wéi, nín hǎo! Wáng jīng lǐ, wǒ shì Hán guó de Lǐ shè zhǎng a.

王经理 (Wáng jīng lǐ): 是李社长啊。最近工作还是很忙吗?
Shì Lǐ shè zhǎng a. Zuì jìn gōng zuò hái shi hěn máng ma?

李社长: 是啊, 还是①老样子, 别提多忙了。
Shì a, hái shì lǎo yàng zi, bié tí duō máng le.

王经理: 你们哪天来啊?
Nǐ men nǎ tiān lái a?

李社长: 我们正打算②下周一到你们公司访问, 可以吗?
Wǒ men zhèng dǎ suàn xià zhōu yī dào nǐ men gōng sī fǎng wèn, kě yǐ ma?

王经理: 当然可以, ③随时都欢迎你们。星期一你们几点到浦东机场?
Dāng rán kě yǐ, suí shí dōu huān yíng nǐ men. Xīng qī yī nǐ men jǐ diǎn dào Pǔ dōng jī chǎng?

李社长: 我们下周一上午9点45分到达浦东机场。
Wǒ men xià zhōu yī shàng wǔ jiǔ diǎn sìshíwǔ fēn dào dá Pǔ dōng jī chǎng.

王经理: 好! 到时候我派车去接你们。
Hǎo! Dào shí hou wǒ pài chē qù jiē nǐ men.

새로운 표현 Tip!

01
原来的样子
yuánlái de yàngzi
원래의 모습

跟以前一样
gēn yǐqián yíyàng
예전과 같다

02
下个月初 xiàge yuèchū
다음 달 초

这个月底 zhège yuèdǐ
이번 달 말

03
什么时候
shénmeshíhou
언제든지

无论何时
wúlùn héshí
어느 때에 관계없이

중국 회사 측에 방문 일정 예약할 때! ②

王经理: 你们预定酒店了吗?
Wáng jīnglǐ   Nǐmen yùdìng jiǔdiàn le ma?

李社长: 因为太忙, 还没来得及预订酒店呢。
Lǐ shèzhǎng   Yīnwèi tài máng, hái méi lái de jí yùdìng jiǔdiàn ne.

王经理: 如果不嫌弃的话, 你们就住在我们
        Rúguǒ bù xiánqì de huà, nǐmen jiù zhù zài wǒmen
        ①公司的招待所, 怎么样?
        gōngsī de zhāodàisuǒ, zěnmeyàng?

李社长: 宾馆我们还是自己找吧。这点儿小事
        Bīnguǎn wǒmen háishì zìjǐ zhǎo ba. Zhè diǎnr xiǎoshì
        就不给你们添麻烦了。
        jiù bù gěi nǐmen tiān máfan le.

王经理: 好, 其他你还有什么需要我帮忙的?
        Hǎo, qítā nǐ hái yǒu shénme xūyào wǒ bāngmáng de?

李社长: 到时候, 你给我们好好儿介绍你们的
        Dào shíhou, nǐ gěi wǒmen hǎohāor jièshào nǐmen de
        ②新产品就③行。
        xīn chǎnpǐn jiù xíng.

王经理: 那还用说, 我一定会让你们满意的。
        Nà hái yòng shuō, wǒ yídìng huì ràng nǐmen mǎnyì de.

李社长: 谢谢! 那我们下周一见。
        Xièxie! Nà wǒmen xià zhōu yī jiàn.

새로운 표현 Tip!

01

预定的酒店
yùdìng de jiǔdiàn
예약한 (고급)호텔

预定的饭店
yùdìng de fàndiàn
예약한 호텔

02

样品 yàngpǐn
명 샘플

制造产品 zhìzào chǎnpǐn
명 제조상품

03

好 hǎo
형 좋은

可以 kěyǐ
동 ~해도 된다

본문 내용을 읽고
오른쪽 질문에 대해
중국어로 대답해 보세요.

01 如果您是李社长, 怎么处理住宿问题?
02 如果您是中方, 怎么接待韩国客户?

02 BIZ 단어

중국 회사 측에 방문 일정을 예약할 때 자주 사용하는 단어입니다. 아래의 단어를 따라 읽고 단어 앞의 박스에 체크 표시해 보세요.

☑ ☐	01 经理	jīnglǐ	명 (기업) 경영관리 책임자, 지배인, 사장
☐ ☐	02 正	zhèng	부 마침
☐ ☐	03 访问	fǎngwèn	동 방문하다, 구경하다, 둘러보다
☐ ☐	04 派	pài	동 보내다
☐ ☐	05 接	jiē	동 이어지다, 연결하다, 연결되다; 접촉하다
☐ ☐	06 预订	yùdìng	동 예약하다
☐ ☐	07 嫌弃	xiánqì	동 싫어하다
☐ ☐	08 招待所	zhāodàisuǒ	명 초대소
☐ ☐	09 添麻烦	tiānmáfan	동 폐를 끼치다
☐ ☐	10 需要	xūyào	동 필요하다, 요구되다 명 (사물에 대한) 욕망, 요구
☐ ☐	11 好好儿	hǎohāor	형 잘, 제대로
☐ ☐	12 新产品	xīnchǎnpǐn	명 신제품
☐ ☐	13 那还用说	nàháiyòngshuō	당연하다
☐ ☐	14 一定	yídìng	부 반드시, 꼭
☐ ☐	15 让	ràng	사역 ~하게 하다
☐ ☐	16 满意	mǎnyì	형 만족스럽다, 흡족하다

03 BIZ 패턴

아래의 표현을 읽어 보고 패턴을 활용한 문장을 써 보세요.

01 | 别提……了
(~은, ~한 지) 말도 마세요.

别提多忙了!	▸ 얼마나 바쁜지 **말도 마세요**.
别提多高兴了。	▸ 얼마나 기쁜지 **말도 마세요**.

02 | 到时候……
그 때 가면~, 그 때가 되었을 때~
(불특정한 때, 대화하는 사람들이 이미 알고 있는 상황 또는 "가설"의 의미)

到时候我派车去接你们。	▸ **그 때** 제가 당신들께 차를 보내겠습니다.
到时候你就会明白的。	▸ **때가 되면** 다 알게 되실 겁니다.

03 | 还没来得及……呢
아직 ~하지(도) 못했다.

还没来得及预定酒店呢。	▸ **아직** 호텔 예약도 **못했습니다**.
还没来得及通知他, 他就出发了。	▸ 그에게 **아직** 알리지도 **못했는데** (그는) 바로 출발했습니다.

04 | 如果不嫌弃的话, ……
괜찮으시(다)면~

如果不嫌弃的话, 你们就住在我们公司的招待所, 怎么样?	▸ **괜찮으시다면** 저희 회사의 숙소에 머무르시죠, 어떠세요?
如果不嫌弃的话, 就在这里吃饭吧。	▸ **괜찮으시면** 여기서 식사합시다.

BIZ 출장 tip!
중국인과의 첫 대화

출장 중에 중국인과 만나서 인사를 하고 난 후 어떤 말을 해야 할지 망설이는 애매한 상황이 종종 발생합니다. 오늘은 그 애매한 상황을 벗어날 수 있는 요령을 단계별로 소개를 드릴까 합니다.

1단계
출장 오게 된 배경에 대해서 말하는 것보다 먼저 **내 가족에 대한 이야기를 꺼내면서 일상생활에서 자주 사용하는 성어 몇 개를 표현해 보는 것을 가장 추천합니다.** 그리고 나서 상대방에게 날씨 또는 취미 등의 일상적인 화제를 물어보는 방식으로 가볍게 접근하는 것이 좋은데 이 때, 대화 흐름이 길어지면 중국인들과 이제는 '가까운 친구 같은 사이가 되었다.' 라고 생각하시면 됩니다.

2단계
일상화제가 들어간 기본 인사가 끝나면 보통 출장업무와 관련된 주제들을 많이 얘기하십니다. 이 때 서로 **무겁거나 민감해질 수 있는 주제에 대해 토론을 하거나 상대방의 기분을 상하게 하는 표현은 반드시 피해야 합니다.**

3단계
사실, 연회장에 도착하고 나서야 업무 상담 및 관련 사항들에 대한 화두가 가장 많이 나오게 됩니다. 이 때 서로 술잔을 주고 받는 과정에서 '저는 술을 못합니다.' 라고 말하면, 처음에 구상했던 목표 등 모든 것들이 원점으로 돌아갈 수 있기 때문에 **일정한 주량이 없으시면 끝까지 버틸 수 있는 남다른 준비와 요령이 필요합니다.**

04 BIZ 롤플레이

상대방과 역할을 나누어 아래의 두 가지 상황에 맞는 대화를 중국어로 표현해 보세요.

01 공항에서

中方接待人张先生,开车去机场接一位从韩国来出差的崔先生。他们相互不认识,不过两家都是三口人,两人的儿子又都是同岁。
现在,请您扮演崔先生,与张先生进行对话。

단어 tip!

| 接待 | jiēdài | 동 접대하다 | 相互 | xiānghù | 부 상호간에, 서로 간에 |
| 认识 | rènshi | 동 알다 | 同岁 | tóngsuì | 형 같은 나이이다 |

02 사무실에서

韩国的金先生, 去中方刘先生的办公室拜访刘先生,他们第一次见面。这个公司规模较大, 金先生想参观中方工厂, 并且商量合作的事情。
现在, 请您扮演金先生, 跟刘先生进行对话。

단어 tip!

| 初次 | chūcì | 명 처음, 첫번째 | 名不虚传 | míngbùxūchuán | 성 명실상부하다 |
| 大学毕业 | dàxuébìyè | 대학을 졸업하다 | 找工作 | zhǎo gōngzuò | 일자리를 찾다 |

05 BIZ 토론

아래 질문에 중국어로 대답해 보세요.

01 您能用汉语做自我介绍吗? 试一下五分钟的自我介绍。
02 您的酒量怎么样? 比较一下韩国和中国的酒文化有什么不同?

复习

请您说一下今天的课当中印象最深的。

备 / 忘 / 录

제2과

社长,
路上辛苦了。

사장님, 오시느라 수고 많으셨습니다.

학습목표
01 출장 중 현지 직원들을 만나 업무에 대해 보다 빠르게 파악할 수 있습니다.
02 현지 직원들의 입장에서 현장을 바라보고 그에 대한 문제점을 관련 담당자에게 전달할 수 있습니다.

주요 패턴
01 "……了"
02 "好像……"
03 "……下来"
04 "把……"

情景对话 | 다음 사진을 보면서 아래의 단어들을 활용하여 주어진 상황에 대해 중국어로 말해보세요.

상황 ▶ 중국 지사에 방문하여 현장에서 근무하고 있는 직원들을 만나고 있습니다.

| 考虑 | 辛苦 | 完成 | 新职员 | 任务 |

01 BIZ 대화

상대방과 역할을 나누어 아래의 본문을 읽고 밑줄 친 곳에 새로운 표현을 넣어 서로 대화해 봅시다.

현지 지사에 방문했을 때! ①

张社长 (Zhāng shè zhǎng): 你们好! 大家辛苦了。
Nǐ men hǎo! Dà jiā xīn kǔ le.

职员们 (Zhí yuán men): 社长, 路上辛苦了。
Shè zhǎng, lù shang xīn kǔ le.

李部长 (Lǐ bù zhǎng): 路上还①顺利吧? 社长, 这边请。
Lù shang hái shùn lì ba? Shè zhǎng, zhè biān qǐng.

(进入办公室)

张社长: 怎么样? 北京的生活都②适应了吗?
Zěn me yàng? Běi jīng de shēng huó dōu shì yìng le ma?

李部长: 都是久经沙场的③高手, 生活方面好像
Dōu shì jiǔ jīng shā chǎng de gāo shǒu, shēng huó fāng miàn hǎo xiàng
大家都适应得很快。
dà jiā dōu shì yìng de hěn kuài.

张社长: 那就好, 年轻人还是比我们适应能力
Nà jiù hǎo, nián qīng rén hái shì bǐ wǒ men shì yìng néng lì
快啊。
kuài ā.

李部长: 谢谢社长的关心。
Xiè xie shè zhǎng de guān xīn.

새로운 표현 Tip!

01

顺畅 shùnchàng
형 순조롭다, 원활하다, 뜻대로 되다

顺通 shùntōng
순조롭게 진행되다

02

顺应 shùnyìng
동 순응하다, 적응하다

合适 héshì
형 적당(적합)하다, 알맞다

03

老手 lǎoshǒu
명 전문가, 베테랑

能手 néngshǒu
명 일인자, 대가

현지 지사에 방문했을 때! ②

李部长 现在北京分社的骨干人员已经定下来了，但还需要招聘一些新职员。

张社长 公司已经①<u>考虑</u>到了这一点，同意你们再聘请二十个新人。

李部长 多谢社长对我们工作的理解和支持。

张社长 最重要的还是②<u>尽早</u>把各个客户之间的联系网建立起来。

李部长 我们已经走访了五十家客户。

张社长 不错，一定要跟他们建立长期的合作关系。

李部长 社长放心，我们一定完成好任务。

张社长 工作上，生活上有什么③<u>困难</u>，直接打电话告诉我。

李部长 谢谢社长！

새로운 표현 Tip!

01
想到 xiǎngdào
동 생각이 나다

估计到 gūjìdào
동 예측해내다

02
尽快 jǐnkuài
부 되도록 빨리

早点儿 zǎodiǎnr
부 좀 일찍

03
问题 wèntí
명 문제

难题 nántí
명 난제

본문 내용을 읽고 오른쪽 질문에 대해 중국어로 대답해 보세요.

01 北京分社的职员对张社长的印象如何？
02 国外有分社，优点是什么？

02 BIZ 단어

중국 회사 측과 처음 만났을 때 자주 사용하는 단어입니다. 아래의 단어를 따라 읽고 단어 앞의 박스에 체크 표시해 보세요.

☑ ☐	01 分社	fēnshè	명 지사
☐ ☐	02 路上	lùshang	명 길 가는 중, 도중
☐ ☐	03 适应	shìyìng	동 적응하다
☐ ☐	04 久经沙场	jiǔjīngshāchǎng	성 풍부한 실전 경험을 가지고 있다
☐ ☐	05 影响	yǐngxiǎng	명 영향
☐ ☐	06 尽快	jǐnkuài	부 되도록 빨리
☐ ☐	07 客户	kèhù	명 고객, 거래처
☐ ☐	08 骨干	gǔgàn	명 골간, 기본적이면서 핵심적인 부분
☐ ☐	09 确定	quèdìng	동 확정하다
☐ ☐	10 招聘	zhāopìn	동 채용하다, 모집하다
☐ ☐	11 考虑	kǎolǜ	동 고려하다
☐ ☐	12 尽早	jǐnzǎo	부 되도록 일찍
☐ ☐	13 建立	jiànlì	동 세우다, 만들다, 구성하다, 형성하다
☐ ☐	14 之间	zhījiān	명 ~의 사이
☐ ☐	15 走访	zǒufǎng	동 방문하다
☐ ☐	16 放心	fàngxīn	동 마음을 놓다, 안심하다
☐ ☐	17 完成任务	wánchéng rènwu	임무를 다하다
☐ ☐	18 直接	zhíjiē	형 직접적인
☐ ☐	19 告诉	gàosu	동 말하다, 알리다

03 BIZ 패턴

아래의 표현을 읽어 보고 패턴을 활용한 문장을 써 보세요.

01 | ……了   ~을 했다 (완료)

| 北京的生活都适应了吗? | ▶ | 북경 생활은 다 **적응되었습니까?** |
| 今年的生产任务都完成了吗? | ▶ | 올해 생산 관련 업무는 모두 **끝났습니까?** |

02 | 好像……   (마치) ~와 같다.

| 都是久经沙场的高手, 生活方面好像大家都适应得很快。 | ▶ | 모두 다양한 일들을 경험한 사람들이기 때문에 생활 문제는 괜찮은 **것 같습니다.** |
| 新来的部长好像挺厉害的。 | ▶ | 새로 오신 부장님이 매우 대단하신 **것 같습니다.** |

03 | ……下来   어떤 동작을 통해 사람이나 사물이 어느 곳에 고정되어 있음을 뜻함
(동사 뒤에서 "고정 또는 지속"을 나타내는 보어)

| 现在北京分社的骨干人员已经确定下来了。 | ▶ | 북경 지사의 주요 임직원들은 **이미 확정 지었습니다.** |
| 尽量把产品价格降下来了。 | ▶ | 최대한 제품 가격을 **끌어 내렸습니다.** |

04 | 把……   ~을 (목적어 강조)

| 最重要的还是尽早把各个客户之间的联系网建立起来。 | ▶ | 가장 중요한 것은 최대한 일찍 각 고객들 간의 연락 네트워크를 설치하는 것입니다. |
| 我们应该把顾客当作上帝。 | ▶ | 저희는 고객을 황제로 모셔야 합니다. |

BIZ 출장 tip!
중국인에게 선물 전달할 때!

이번 과에서는 중국인과 선물에 대해 알아보려고 합니다. 중국인에게 선물을 전달할 때에는 몇 가지 요령이 있다고 하는데 특히 발음과 관련된 금기 물품도 있다고 하니 이번 기회에 꼭 체크해 두세요.

- 우선, 상대방이 좋아하는 것으로 준비해야 하는데 대부분의 중국인들은 **한국의 전통 문화를 상징하는 물건이나 한국 특산품을 선호**한다고 합니다.
- 선물 구매 후에는 **가격표를 버리는 것이 좋습니다.**
- 중국 현지에서 선물을 구매할 때에는 **특히 포장 가능 여부 및 포장 기술을 꼭 확인해야 합니다.**
- 선물을 전달하는 곳이 외부일 경우, 상대방이 선물을 들고 **이동하기에 편리한지를 생각해야 합니다.**

주의해야 할 물품!

① 闹钟 nàozhōng

알람 시계를 뜻하는 闹钟의 闹가 "시끄러운" 이라는 뜻을 가지고 있어서 선물을 받으면 시끄러운 일들이 생긴다고 합니다.

② 雨伞 yǔsǎn

우산을 뜻하는 雨伞의 伞이 "흩어지다" 라는 뜻을 가진 分散 fēnsàn의 散과 발음이 같아서 선물로 받으면 좋지 않은 일이 생긴다고 합니다. 그 다음으로 배(과일의 한 종류)를 뜻하는 梨子 lízi의 梨가 "분리하다"라는 뜻을 가진 단어 分离 fēnlí의 离와 발음이 같아서 역시 좋지 않은 것으로 여긴다고 합니다.

04 BIZ 롤플레이

상대방과 역할을 나누어 아래의 두 가지 상황에 맞는 대화를 중국어로 표현해 보세요.

01 현지 직원들에게 격려할 때

去深圳出差的郑社长, 访问了新产品加工工厂, 向全体员工总结他们的工作情况。今年上半年刚刚上市的新产品销售额已超了去年下半年的, 为了表示鼓励和支持。现在, 请您扮演郑社长, 跟全员工进行讲话。

단어 tip!

| 销售 | xiāoshòu | 동 판매하다 | 金额 | jīn'é | 명 금액 |
| 鼓励 | gǔlì | 동 격려하다 | 支持 | zhīchí | 동 지지하다 |

02 현지 직원들의 요구 사항을 경청할 때

去北京出差的金部长, 访问了当地工厂, 参加了全员工的座谈会。大多数职员对公司现有的福利比较满意, 但有些员工表示不满意。
现在, 请您扮演金部长, 跟出席的员工进行对话。

단어 tip!

| 座谈会 | zuòtánhuì | 명 좌담회 | 社会福利 | shèhuìfúlì | 명 사회복지 |
| 条件 | tiáojiàn | 명 조건 | 不满意 | bùmǎnyì | 명 불만 |

05 BIZ 토론

아래 질문에 중국어로 대답해 보세요.

01 您去上海出差时候, 偶然遇见了你们公司的同事, 您怎么跟他问好?
02 你们公司打算去见中国客户, 你应该准备什么样的礼物?

复习
请您说一下我们今天的课当中印象最深的。

备 / 忘 / 录

제3과

我决定取消其他行程。

저는 다른 일정을 취소하기로 결정했습니다.

 **학습목표**
01 현장 시찰 후 그에 대한 소감을 공유하고 일정을 조율할 수 있습니다.
02 구두로 계약 의사를 표현할 수 있는 단어와 문장을 학습하여 현장에서 활용할 수 있습니다.

 **주요 패턴**
01 "不瞒你说……"
02 "经过……"
03 "怎么……"
04 "什么……"

情景对话 | 다음 사진을 보면서 아래의 단어들을 활용하여 주어진 상황에 대해 중국어로 말해보세요.

상황 ▶ 출장 중, 중국 현지 담당자들과 일정을 조정하고 있습니다.

经过 | 行程 | 主意 | 签订 | 取消

01 BIZ 대화

상대방과 역할을 나누어 아래의 본문을 읽고 밑줄 친 곳에 새로운 표현을 넣어 서로 대화해 봅시다.

중국 회사 측과 일정 조율할 때! ①

王经理 Wáng jīnglǐ: 这两天你们在这里的参观访问, 有什么体会?
Zhè liǎng tiān nǐ men zài zhè lǐ de cān guān fǎng wèn, yǒu shén me tǐ huì?

李社长 Lǐ shèzhǎng: 不瞒你说, 我们原来①打算还要去广州, 但经过这两天的参观和商谈, 我们临时改变了②主意。我决定取消其他行程, 在你们公司多呆一天。
Bù mán nǐ shuō, wǒ men yuán lái dǎ suàn hái yào qù Guǎng zhōu, dàn jīng guò zhè liǎng tiān de cān guān hé shāng tán, wǒ men lín shí gǎi biàn le zhǔ yì. Wǒ jué dìng qǔ xiāo qí tā xíng chéng, zài nǐ men gōng sī duō dāi yì tiān.

王经理: 哦? 怎么突然改变行程安排了呢?
Ó? Zěn me tū rán gǎi biàn xíng chéng ān pái le ne?

李社长: 是你们的诚意, 更重要的是你们的实力。你们③一流的管理和一流的品质, 让我们非常满意。
Shì nǐ men de chéng yì, gèng zhòng yào de shì nǐ men de shí lì. Nǐ men yī liú de guǎn lǐ hé yī liú de pǐn zhì, ràng wǒ men fēi cháng mǎn yì.

王经理: 那太好了, 我们非常期待跟贵公司的合作。
Nà tài hǎo le, wǒ men fēi cháng qī dài gēn guì gōng sī de hé zuò.

李社长: 能与贵公司一起合作, 我们也非常高兴。
Néng yǔ guì gōng sī yì qǐ hé zuò, wǒ men yě fēi cháng gāo xìng.

새로운 표현 Tip!

01

准备 zhǔnbèi
동 준비하다

想 xiǎng
동 생각하다

02

计划 jìhuà
명 계획, 방안

想法 xiǎngfǎ
명 생각, 의견, 견해

03

优秀的 yōuxiùde
훌륭한

出色的 chūsède
훌륭한

중국 회사 측과 일정 조율할 때! ②

王经理: 那我们今晚再仔细洽谈一下细节。
Nà wǒmen jīn wǎn zài zǐxì qiàtán yíxià xìjié.

李社长: 好,洽谈之后,我们马上要起草合同草案。
Hǎo, qiàtán zhī hòu, wǒmen mǎshàng yào qǐcǎo hé tong cǎo'àn.

王经理: 好的,起草时用中英两个文字,一式两份。
Hǎo de, qǐcǎo shí yòng zhōngyīng liǎng gè wénzì, yíshì liǎng fèn.

李社长: 那明天上午我们再①商量一下,我还得赶紧联系酒店和旅行社,更改原来的行程。
Nà míngtiān shàngwǔ wǒmen zài shāngliang yíxià, wǒ hái děi gǎnjǐn liánxì jiǔdiàn hé lǚxíngshè, gēnggǎi yuánlái de xíngchéng.

王经理: 到中国,这些你就不用②操心了。等一会儿,我的秘书会给你办妥的。
Dào zhōngguó, zhèxiē nǐ jiù búyòng cāoxīn le. Děng yíhuìr, wǒ de mìshū huì gěi nǐ bàn tuǒ de.

李社长: 那就麻烦你了。不过,我还有个③请求。
Nà jiù máfan nǐ le. Búguò, wǒ hái yǒu gè qǐngqiú.

王经理: 你有什么就说,千万别客气。
Nǐ yǒu shénme jiù shuō, qiānwàn bié kèqi.

李社长: 我想去你们的实体店看看。
Wǒ xiǎng qù nǐmen de shítǐdiàn kànkan.

王经理: 没问题,找个时间我带你去看看。
Méi wèntí, zhǎo gè shíjiān wǒ dài nǐ qù kànkan.

새로운 표현 Tip!

01
聚一聚 jùyíjù
동 같이 모이다

碰碰头 pèngpengtóu
머리를 맞대다

02
担心 dānxīn
동 걱정하다

费心 fèixīn
동 걱정하다, 염려하다

03
要求 yāoqiú
동 요구하다

提议 tíyì
동 제의하다

본문 내용을 읽고 오른쪽 질문에 대해 중국어로 대답해 보세요.

01 王经理的心态如何?为什么?
02 李社长和王经理的关系如何?为什么?

02 BIZ 단어

중국 회사 측과 일정을 조율할 때 자주 사용하는 단어입니다. 아래의 단어를 따라 읽고 단어 앞의 박스에 체크 표시해 보세요.

☑ ☐	01 参观	cānguān	동 (공장, 전람회) 시찰하다, 참관하다
☐ ☐	02 调整	tiáozhěng	동 조정하다, 조절하다
☐ ☐	03 体会	tǐhuì	동 경험하여 알다, 이해하다 / 명 경험, 배운 것, 얻은 것
☐ ☐	04 商谈	shāngtán	동 협의하다, 의논(논의)하다
☐ ☐	05 改变	gǎibiàn	동 변하다, 바뀌다, 달라지다
☐ ☐	06 取消	qǔxiāo	동 취소하다
☐ ☐	07 呆	dāi	동 머물다
☐ ☐	08 诚意	chéngyì	명 성의
☐ ☐	09 实力	shílì	명 실력
☐ ☐	10 管理	guǎnlǐ	동 관리하다, 맡아서 처리하다
☐ ☐	11 质量	zhìliàng	명 품질
☐ ☐	12 亲眼	qīnyǎn	부 직접 자신의 눈으로 (보다)
☐ ☐	13 签订合同	qiāndìng hétong	동 계약을 체결하다
☐ ☐	14 仔细	zǐxì	형 세심하다, 조심하다, 주의하다
☐ ☐	15 洽谈	qiàtán	동 협의하다, 상담하다
☐ ☐	16 起草	qǐcǎo	동 초안을 작성하다
☐ ☐	17 草案	cǎo'àn	명 초안
☐ ☐	18 细节	xìjié	명 세부사항
☐ ☐	19 办妥	bàntuǒ	동 (일을) 잘 처리하다

03 | BIZ 패턴

아래의 표현을 읽어 보고 패턴을 활용한 문장을 써 보세요.

01 | 不瞒你说…… 솔직히 말하면, 사실 ~

不瞒你说, 我们原来打算还要去广州, 深圳参观。
▸ **사실** 저희는 원래 광저우, 심천에도 가서 시찰할 예정이었습니다.

不瞒你说, 贵公司的价格确实有点儿高。
▸ **솔직히 말씀 드려서**, 귀사의 가격은 확실히 좀 높습니다.

02 | 经过…… ~을 거쳐

但**经过**这两天的参观和商谈, 我们临时改变了主意。
▸ 이번 이틀 간의 시찰 및 협의를 **거쳐** 저희는 생각을 잠시 바꾸었습니다.

经过一个月的努力, 终于提前完成了生产任务。
▸ 한 달간의 노력을 **거쳐** 결국 생산 업무를 미리 끝낼 수 있었습니다.

03 | 怎么…… 왜~, 어째서~

怎么突然改变行程安排了呢?
▸ **왜** 갑자기 일정에 변경이 생긴 것입니까?

他**怎么**到现在还没来?
▸ 그는 **어째서** 지금까지 안 온겁니까?

04 | 什么…… 무엇(이나), 무엇(이든지), 아무 것(이나), 아무런

你有**什么**就说, 千万别客气。
▸ 부디 예의 차리지 마시고, **무엇이든** 말할 것이 있으면 하세요.

我**什么**都吃, 你随便点吧。
▸ 저는 **무엇이든** 먹으니, 편한 대로 주문하세요.

BIZ 출장 tip!
국가 "중국"

"중국"이라는 국가는 우리에게 익숙하면서도 아직은 낯선 느낌을 갖게 하는데요,
이번 과에서는 "중국"이라는 국가가 어떤 특징이 있는지 간단히 소개해드릴까 합니다.

정식 명칭, 위치 및 행정 구역
중화인민공화국이고, 아시아 동부에 있는 국가입니다. 국토육지 면적은 약959만㎢이고 수도는 베이징(北京 Běijīng)으로 현재 4개의 직할시와 23개의 성 그리고 5개의 자치구가 있고 마카오와 홍콩 등 2개의 특별행정구가 별도로 설치되어 있습니다.

국기와 상징
중국 국기는 5성 홍기(五星红旗 Wǔxīnghóngqí)입니다. 가장 큰 별은 중국 공산당을 뜻하고 주변의 4개의 작은 별은 중국의 각 계층을 나타냅니다.

민족
중국은 56개 민족으로 구성된 다민족 국가입니다. 이 중 한족은 91.5%이고 기타 소수민족은 8.5%를 차지합니다.

언어와 문자
중국은 80가지 언어와 30종의 문자를 사용하고 있습니다. 공용어는 표준어(普通话 pǔtōnghuà)이고 공용문자는 표준한자(规范汉字 guīfànhànzì)입니다.

화폐 및 통화 단위
공식 화폐는 인민폐(人民币 rénmínbì)로 통화 단위는 위안(￥)을 사용합니다.

04 BIZ 롤플레이

상대방과 역할을 나누어 아래의 두 가지 상황에 맞는 대화를 중국어로 표현해 보세요.

01 미팅 시간 변경

韩国的尹先生,因突然接到重要通知,不得不推迟事先与中方张先生定好的约会。现在,请您扮演尹先生,跟张先生进行对话。

단어 tip!

总公司	zǒnggōngsī	명 본사	通知	tōngzhī	명 통지서 동 통지하다
推迟	tuīchí	동 뒤로 미루다, 연기하다	不好意思	bùhǎoyìsi	동 미안하다

02 만찬 모임 지각

韩国的李小姐,打车去参加中方王先生准备的晚宴,没想到路上堵车堵得水泄不通,不得不晚半个小时到达。现在,请您扮演李小姐,跟王先生进行对话。

단어 tip!

路上	lùshang	명 길 가는 중	堵车	dǔchē	동 차가 막히다
水泄不通	shuǐxièbùtōng	성 경계가 삼엄하다	抱歉	bàoqiàn	동 미안하게 생각하다

05 BIZ 토론

아래 질문에 중국어로 대답해 보세요.

01 早晨起来,突然感到身体不舒服,无法上班。您怎么跟公司请病假?
02 去中国出差的时候,不能按时参加约会时,应该怎么跟对方道歉?

复习

请您说一下我们今天的课当中印象最深的。

제3과 · 我决定取消其他行程。

备 / 忘 / 录

제4과 这个车间有多少职员?

이 공장에 몇 명의 직원이 있습니까?

 **학습목표**
01 현장을 참관할 때 사용하는 어휘와 주요 표현들을 활용할 수 있습니다.
02 중국 현지 공장을 참관할 때 내부의 상황 및 관련 정보에 대해 정확하게 이해할 수 있습니다.

 **주요 패턴**
01 "跟……相比"
02 "由……负责"
03 "由于……"
04 "越 A 越 B"

情景对话 | 다음 사진을 보면서 아래의 단어들을 활용하여 주어진 상황에 대해 중국어로 말해보세요.

상황 ▶ 출장 중, 중국 측 담당 직원과 함께 사업 현장을 시찰하고 있습니다.

| 现场 | 负责 | 生产率 | 参观 | 工厂 |

01 BIZ 대화

상대방과 역할을 나누어 아래의 본문을 읽고 밑줄 친 곳에 새로운 표현을 넣어 서로 대화해 봅시다.

사업 현장 시찰할 때! ①

李社长 这就是刚刚投产的制造车间吧?
Lǐ shè zhǎng　Zhè jiù shì gāng gāng tóu chǎn de zhì zào chē jiān ba?

申部长 是,这个车间里有两条生产线。
Shēn bù zhǎng　Shì, zhè ge chē jiān lǐ yǒu liǎng tiáo shēngchǎn xiàn.

李社长 这个车间的生产①能力怎么样?
Zhè ge chē jiān de shēngchǎn néng lì zěn me yàng?

申部长 两条生产线同时运行的话,每月可生产5万件。
Liǎng tiáo shēngchǎn xiàn tóng shí yùn xíng de huà, měi yuè kě shēng chǎn wǔ wàn jiàn.

李社长 那么产品质量跟原来相比,怎么样?
Nà me chǎn pǐn zhì liàng gēn yuán lái xiāng bǐ, zěn me yàng?

申部长 质量当然比原来的好啊,而且生产率也比原来提高了②将近4倍。
Zhì liàng dāng rán bǐ yuán lái de hǎo a, ér qiě shēngchǎn lǜ yě bǐ yuán lái tí gāo le jiāng jìn sì bèi.

李社长 生产率提高是件好事,但是千万不能③忽视产品质量。
Shēngchǎn lǜ tí gāo shì jiàn hǎo shì, dàn shì qiān wàn bù néng hū shì chǎn pǐn zhì liàng.

申部长 这个车间的产品质量,由我亲自负责,您放心吧。
Zhè ge chē jiān de chǎn pǐn zhì liàng, yóu wǒ qīn zì fù zé, nín fàng xīn ba.

새로운 표현 Tip!

01

水平　shuǐpíng
명 수준

规模　guīmó
명 규모

02

接近　jiējìn
동 접근하다, 다가가다
형 비슷하다, 가깝다

快要　kuàiyào
부 곧(머지않아) (…하다)

03

轻视　qīngshì
동 경시하다

小看　xiǎokàn
동 우습게 보다

사업 현장 시찰할 때! ②

李社长 这个车间有多少人员?
Zhè ge chē jiān yǒu duō shǎo rén yuán?

申部长 一共37个人。由于自动化①程度比较
Yí gòng sānshíqī gè rén. Yóu yú zì dòng huà chéng dù bǐ jiào
高,因此不需要太多的人。
gāo, yīn cǐ bù xū yào tài duō de rén.

李社长 人越少就越应该重视安全工作。
Rén yuè shǎo jiù yuè yīng gāi zhòng shì ān quán gōng zuò.

申部长 我们每天②上班之前,都进行20分钟
Wǒ men měi tiān shàng bān zhī qián, dōu jìn xíng èr shí fēn zhōng
的安全教育。
de ān quán jiāo yù.

李社长 这个方法很不错,可以推广到整个公
Zhè ge fāng fǎ hěn bú cuò, kě yǐ tuī guǎng dào zhěng gè gōng
司。
sī.

申部长 您过奖了。崔秘书,明天召开安全会
Nín guò jiǎng le. Cuī mì shū, míng tiān zhào kāi ān quán huì
议,向全公司③传授申部长的经验吧。
yì, xiàng quán gōng sī chuán shòu Shēn bù zhǎng de jīng yàn ba.

崔秘书 知道了,社长。我会做一份安全教育
Zhī dào le, shè zhǎng. Wǒ huì zuò yí fèn ān quán jiāo yù
报告出来的。
bào gào chū lái de.

새로운 표현 Tip!

01

技术 jìshù
명 기술

电脑 diànnǎo
명 컴퓨터

02

开工之前 kāigōng zhīqián
작업 직전

下班之前 xiàbān zhīqián
퇴근 직전

03

说明 shuōmíng
동 설명하다, 해설하다, 증명하다, 입증하다, 분명하게 말하다

介绍 jièshào
동 소개하다

본문 내용을 읽고 오른쪽 질문에 대해 중국어로 대답해 보세요.

01 最好的生产线有什么特点?
02 为什么要重视安全教育?

02 BIZ 단어

사업 현장을 시찰할 때 자주 사용하는 단어입니다. 아래의 단어를 따라 읽고 단어 앞의 박스에 체크 표시해 보세요.

01	视察	shìchá	동 관찰하다, 시찰하다
02	投产	tóuchǎn	동 생산에 들어가다
03	制造	zhìzào	동 제조하다, 만들다
04	车间	chējiān	명 작업장, 작업 현장
05	生产能力	shēngchǎnnénglì	명 생산 능력
06	运行	yùnxíng	동 운행하다
07	生产率	shēngchǎnlǜ	명 생산율
08	提高	tígāo	동 (위치, 수준, 질, 수량) 제고하다, 향상시키다
09	千万	qiānwàn	부 부디, 꼭, 절대로
10	放心	fàngxīn	동 마음을 놓다, 안심하다
11	程度	chéngdù	명 정도, 수준
12	需要	xūyào	동 필요하다, 요구되다
13	重视	zhòngshì	동 중시하다
14	推广	tuīguǎng	동 널리 보급(확대, 확충)하다
15	过奖	guòjiǎng	동 과찬이십니다
16	召开	zhàokāi	동 (회의를)열다, 개최하다
17	经验	jīngyàn	명 경험, 체험

03 BIZ 패턴

아래의 표현을 읽어 보고 패턴을 활용한 문장을 써 보세요.

01 | 跟……相比   ~과 서로 비교했을 때

这个车间的产品质量, 跟原来的相比, 怎么样?	▶	이 작업장의 상품 퀄리티는 원래의 것과 비교했을 때 어떻습니까?
这个产品的款式, 跟现有的相比 好看多了。	▶	이 상품의 스타일은 기존의 것과 비교했을 때 더 보기 좋습니다.

02 | 由……负责   ~이 담당하다(책임지다)

这个车间的产品质量, 由我亲自负责, 您放心吧。	▶	이 작업장의 상품 퀄리티는 제가 직접 책임지겠습니다. 안심하세요.
这次活动由你来负责。	▶	이번 일은 당신이 책임지고 맡으세요

03 | 由于……   ~때문에, ~으로 인하여

由于自动化程度比较高, 不需要太多的人。	▶	자동화가 비교적 빨라지고 있기 때문에 너무 많은 사람은 필요하지 않습니다.
由于生活水平的提高, 市场对产品质量的要求也高了。	▶	생활 수준의 향상으로 인하여 상품의 퀄리티에 대한 시장의 요구 또한 더 높아졌습니다.

04 | 越 A 越 B   A하면 할수록 더 B하다

人越少就越应该重视安全工作。	▶	사람이 적으면 적을수록 안전 작업을 더 중시해야 합니다.
听说汉语越学越简单, 但日语越学越难。	▶	듣자 하니 중국어는 배울수록 더 쉬우나, 일본어는 배울수록 더 어렵다고 합니다.

BIZ 출장 tip!
중국의 주요 명절 및 기념일

이번 과에서는 중국의 넓은 땅만큼 다양한 특징을 가진 명절과 기념일에 대해 알아보려고 합니다.
참고로 중국에서는 연휴 기간이 시작되면 생각보다 길게 쉬는 경우가 적지 않은데,
이 때에는 공공 기관도 휴무이니 달력에 미리 체크해 두세요!

춘절 | 春节 Chūnjié **음력 1월 1일**

우리나라의 "설(구정)"에 해당되는 중국의 대표적인 전통 명절입니다. 온 가족이 한자리에 모여 만두와 연야반 (年夜饭 nián yè fàn) 을 먹고 밤에는 폭죽을 터뜨리며 새해를 맞이합니다. 그리고 중국에서는 세뱃돈(红包 hóng bāo)을 붉은 색의 봉투 안에 돈을 넣어 주고 받습니다. 세뱃돈은 어른들이 아이들에게도 주지만 어른들끼리 웨이신(微信 wēi xìn) 이라는 어플을 통해 서로 주고 받기도 합니다.

청명절 | 清明节 Qīngmíngjié **양력 4월 5일 전후**

청명절은 우리나라의 한식에 해당합니다. 이 날, 중국인들은 성묘를 가고 가족들과 봄 소풍을 다니며 연 놀이와 그네타기를 즐기며 나무도 심는다고 합니다. 특히 샤오즈 (烧纸 shāozhǐ)라는 풍습은 돈이나 황색 종이를 불로 태워 귀신에게 주는 풍습으로, 돈을 많이 태울수록 잘 사는 미신이 있다고 합니다.

노동절 | 劳动节 Láodòngjié **양력 5월 1일**

이 날은 중국뿐만 아니라 전 세계적으로 노동자의 권리를 위해 지정된 기념일로써, 연휴기간 내내 많은 중국인들이 여행 등의 이유로 대이동을 하는 시기이기도 합니다.

단오절 | 端午节 Duānwǔjié **음력 5월 5일**

중국의 단오절은 우리나라의 유래와 풍습과 다릅니다. 중국의 단오절은 초나라 시인 취위엔(屈原 Qū Yuán) 을 추모하기 위한 날로 이 날, 대부분의 사람들은 굴원을 추모하는 행사 중 하나로 뱃놀이를 하고 대표 음식인 쭝즈(粽子 zòng zi)를 즐겨 먹습니다.

중추절 | 中秋节 Zhōngqiūjié **음력 8월 15일**

설 다음으로 지내는 두 번째로 큰 명절로 우리나라의 추석에 해당됩니다.
예로부터 온 가족이 한자리에 모여서 대표 음식인 위에빙(月饼 yuè bǐng)을 즐겨 먹습니다.

국경절 | 国庆节 Guóqìngjié **양력 10월 1일**

1949년 10월 1일 新 중국 수립을 기념하는 날로써, 이 기간 동안 중국인들은 축제의 분위기를 즐깁니다.

04 BIZ 롤플레이

상대방과 역할을 나누어 아래의 두 가지 상황에 맞는 대화를 중국어로 표현해 보세요.

01 의류 전시회에서

韩国公司的郑先生去中国参加了夏季服装展览会，并通过那里的工作人员了解了很多新产品的情况。这些新产品刚刚上市, 款式新颖，很受顾客欢迎。
现在，请您扮演郑先生，跟展览会的工作人员进行对话。

단어 tip!

| 上市 | shàngshì | 동 출시하다 | 样子 | yàngzi | 명 모양 |
| 不大不小 | búdà bùxiǎo | 형 딱 맞다 | 合适 | héshì | 형 적합하다 |

02 전자 상가에서

金小姐去电子商城想购买一台打印机, 跟营业员了解打印机的性能。HP打印机的品牌比较有名, 质量也不错, 但是价格稍微贵一点儿。
现在, 请您扮演金小姐, 跟商城营业员进行对话。

단어 tip!

| 速度 | sùdù | 동 속도 | 打印机 | dǎyìnjī | 명 프린트기 |
| 稍微 | shāowēi | 형 조금, 약간 | 便宜 | piányi | 형 (가격 또는 값이) 싸다 |

05 BIZ 토론

아래 질문에 중국어로 대답해 보세요.

01 您认为企业要想取得成功，最关键的因素是什么?

02 人们常说"百闻不如一见"。亲自参观对方的设备和生产线, 对工作能起到什么作用?

复习 ─────

请您说一下我们今天的课当中印象最深的。

备 / 忘 / 录

제5과

韩中双方各有三十位参加。
한중 양측 각각 30분께서 참석하십니다.

학습목표
01 중국 현지에서 개최하는 행사를 앞두고 담당자와 관련 사항에 대해 이야기를 나눌 수 있습니다.
02 한중 양국이 공동으로 참여하는 행사에 참가하여 양국의 관계를 보다 돈독한 관계로 만들 수 있습니다.

주요 패턴
01 "大概……"
02 "估计……"
03 "동사 + 得……"
04 "能不……吗?"

情景对话 | 다음 사진을 보면서 아래의 단어들을 활용하여 주어진 상황에 대해 중국어로 말해보세요.

상황 ▶ 중국 현지에서 열린 한중 행사에 참석하여 인사말을 전하고 있습니다.

| 会议 | 开幕 | 参加 | 发言稿 | 双方 |

01 BIZ 대화

상대방과 역할을 나누어 아래의 본문을 읽고 밑줄 친 곳에 새로운 표현을 넣어 서로 대화해 봅시다.

중국에서 행사에 참석할 때! ①

李社长 杨秘书,下午参加韩中交流会的准备,都准备好了吗?
Lǐ shè zhǎng Yáng mì shū, xià wǔ cān jiā Hán Zhōng jiāo liú huì de zhǔn bèi, dōu zhǔn bèi hǎo le ma?

杨秘书 已经准备好了,这是您的①发言稿。
Yáng mì shū Yǐ jīng zhǔn bèi hǎo le, zhè shì nín de fā yán gǎo.

李社长 好,会议大概进行多长时间?
Hǎo, huì yì dà gài jìn xíng duō cháng shí jiān?

杨秘书 估计要进行一个小时。
Gū jì yào jìn xíng yí gè xiǎo shí.

李社长 还有别的②安排吗?
Hái yǒu bié de ān pái ma?

杨秘书 会议正式开幕之前,您还得去跟中方代表见见面,就是给我们发③请帖的王总。
Huì yì zhèng shì kāi mù zhī qián, nín hái děi qù gēn Zhōngfāng dài biǎo jiàn jiàn miàn, jiù shì gěi wǒ men fā qǐng tiē de Wáng zǒng.

李社长 是王总啊? 我知道了。
Shì Wángzǒng a, Wǒ zhī dào le.

杨秘书 您看,王总在门口等着您呢。
Nín kàn, Wáng zǒng zài mén kǒu děng zhe nín ne.

새로운 표현 Tip!

01

演说 yǎnshuō
동 연설하다

演讲 yǎnjiǎng
동 강연하다

02

计划 jìhuà
동 계획하다, 기획하다

部署 bùshǔ
동 배치하다, 안배하다

03

请柬 qǐngjiǎn
명 초대장

邀请函 yāoqǐnghán
명 초청장

중국에서 행사에 참석할 때! ②

(下午, 李社长到了会场见王总。)

李社长: 王总, 你好! 谢谢你特意出来接我。
Lǐ shè zhǎng　Wáng zǒng, nǐ hǎo! Xiè xie nǐ tè yì chū lái jiē wǒ.

王总: 欢迎欢迎! 这次会议你可不能缺席啊。
Wáng zǒng　Huān yíng huān yíng! Zhè cì huì yì nǐ kě bù néng quē xí a.

李社长: 会场布置的这么①隆重, 真是感到②荣幸。
Huì chǎng bù zhì de zhè me lóng zhòng, zhēn shì gǎn dào róng xìng.

王总: 你们③专门从韩国赶来, 能不隆重欢迎
Nǐ men zhuān mén cóng Hán guó gǎn lái, néng bù lóng zhòng huān yíng

吗? 来, 请上座。
ma? Lái, qǐng shàng zuò.

李社长: 你先请。这次交流会一共有多少人?
Nǐ xiān qǐng. Zhè cì jiāo liú huì yí gòng yǒu duō shǎo rén?

王总: 韩中双方各有三十位参加。
Hán Zhōng shuāng fāng gè yǒu sān shí wèi cān jiā.

李社长: 客人都到齐了吗?
Kè rén dōu dào qí le ma?

王总: 都到齐了, 我们马上准备开会吧。
Dōu dào qí le, wǒ men mǎ shàng zhǔn bèi kāi huì ba.

새로운 표현 Tip!

01
隆重 lóngzhòng
형 성대하다

庄重 zhuāngzhòng
형 위엄이 있다

02
光荣 guāngróng
형 영광스럽다, 영예롭다

荣耀 róngyào
형 영광스럽다, 영예롭다

03
专门 zhuānmén
부 특별히, 일부러

特地 tèdì
부 특별히, 일부러, 모처럼

본문 내용을 읽고 오른쪽 질문에 대해 중국어로 대답해 보세요.

01 您想参加韩中两国都参加的活动吗? 为什么?
02 请您说一下韩中交流会的优点。

02 BIZ 단어

중국 회사 측과 일정을 조율할 때 자주 사용하는 단어입니다. 아래의 단어를 따라 읽고 단어 앞의 박스에 체크 표시해 보세요.

☑ ☐	01 交流会	jiāoliúhuì	몡 교류회
☐ ☐	02 发言稿	fāyángǎo	몡 발표 원고
☐ ☐	03 开幕	kāimù	동 개막하다
☐ ☐	04 特意	tèyì	부 특별히, 일부러
☐ ☐	05 缺席	quēxí	동 결석하다
☐ ☐	06 会场	huìchǎng	몡 회의장
☐ ☐	07 布置	bùzhì	동 진열하다, 배치하다
☐ ☐	08 荣幸	róngxìng	형 매우 영광스럽다
☐ ☐	09 隆重	lóngzhòng	형 성대하다, 성대하고 장중하다
☐ ☐	10 各有	gèyǒu	각각의
☐ ☐	11 齐	qí	형 갖추다, 완전하게 되다

03 BIZ 패턴

아래의 표현을 읽어 보고 패턴을 활용한 문장을 써 보세요.

01 | 大概…… 대략~

会议**大概**进行多长时间?	▶ 회의는 **대략** 몇 시간 동안 진행됩니까?
我们公司的女职员**大概**有370人。	▶ 저희 회사의 여성 직원은 **대략** 370명 정도 됩니다.

02 | 估计…… 어림잡아~, 예측하건대~

估计要进行一个小时。	▶ **어림잡아** 한 시간 정도 진행하려고 합니다.
我**估计**今年的价格还会上涨。	▶ **예측하건대** 올해 가격은 계속 상승할 것 같아요.

03 | 동사 + 得…… "동사"의 정도가 ~하다

会场布置**得**这么隆重，真是感到荣幸。	▶ 회의장을 배치**하는 일이** 이렇게 어마어마한데, 진심으로 영광스럽게 생각합니다.
明天的会议，你们安排**得**怎么样了?	▶ 내일 회의 **준비는** 어떻게 되었습니까?

04 | 能不……吗? ~하지 않을 수 있겠습니까? (~하지 않을 수 없다)

你们专门从韩国赶来，**能不**隆重欢迎**吗**?	▶ 특별히 한국에서 이렇게 오셨는데, 성대하게 환영**하지 않을 수 있겠습니까?**
时间这么紧，社长**能不**着急**吗**?	▶ 시간이 이렇게 급한데 사장이 **급하지 않을 수 있겠습니까?**

BIZ 출장 tip!
공식적인 자리에서 중국어로 전달할 때!

중국인을 대상으로 연설문 또는 발표문을 읽을 때, 몇 가지 주의사항이 있습니다.

정치, 역사와 같은 민감한 주제의 내용은 가급적 하지 않는다!

01
중국의 정치, 역사와 같은 민감한 주제 또는 내용에 대해서는 가급적 언급을 하지 않는 것이 좋습니다. 만약, 정치, 역사 등과 같은 주제를 대상으로 일정을 진행할 경우 미리 앞서 서로의 이해를 도울 수 있는 내용을 준비합니다.

숫자를 이용한 병렬식의 형태로 간결하게 내용을 전달한다!

02
대부분의 중국인들은 직설적 화법을 즐겨 쓰기 때문에 **하나의 내용에 대해 길게 설명하는 것보다 숫자를 이용한 병렬식의 형태로 간결하게 끊어서** 전체 내용을 먼저 전달하는 것이 좋습니다.

중국인들이 선호하는 짝수로 내용을 전달한다!

03
문화적인 특성상, 중국인들은 사자성어와 같이 짝수로 표현되는 구조를 굉장히 좋아합니다. **전달 내용이 오랫동안 기억될 수 있도록 최대한 짝수로 표현**하는 것이 좋습니다.

04 BIZ 롤플레이

상대방과 역할을 나누어 아래의 두 가지 상황에 맞는 대화를 중국어로 표현해 보세요.

01 신제품 발표회 참석

去上海出差的姜先生, 应邀参加中方合作公司的新产品发布会。中方李先生和姜先生见面,告知这次发布会的相关事宜。现在,请您扮演中方的李先生,和姜先生进行对话。

단어 tip!

应邀	yìngyāo	동 초청에 응하다	发布会	fābùhuì	명 발표회
相关事宜	xiāngguānshìyí	명 관련사항	贺词	hècí	명 축사

02 한중 교류회 폐막식 참석

张经理在韩国出差, 收到了韩中两国组织的交流会的邀请。她在参加闭幕式之前,跟一起来的韩国同事金部长商谈参加宴会的准备事宜。现在,请您扮演张经理,和同事金部长进行对话。

단어 tip!

组织	zǔzhī	동 조직하다, 구성하다	闭幕式	bìmùshì	명 폐막식
商谈	shāngtán	동 (구두로) 상담하다, 협의하다	位置	wèizhi	명 위치

05 BIZ 토론

아래 질문에 중국어로 대답해 보세요.

01 您要参加合作公司的欢迎宴会,您怎么在宴会上答谢主人?

02 您去参加合作公司社长组织的新产品评议会,您准备怎么发言?

复习

请您说一下我们今天学的课当中印象最深的。

제5과 · 韩中双方各有三十位参加。

备 / 忘 / 录

제6과

请大家举杯!
여러분, 모두 잔을 들어 주세요!

 **학습목표**
01 송별 모임에서 자주 등장하는 업무 및 격려 등의 다양한 표현들을 학습하여 활용할 수 있습니다.
02 중국인들과 동석한 모임 또는 자리에서 보다 친근하고 자연스럽게 어울릴 수 있습니다.

 **주요 패턴**
01 "为 ……"
02 "以……名义"
03 "向 A 表示 B"
04 "A 代表 B"

情景对话 | 다음 사진을 보면서 아래의 단어들을 활용하여 주어진 상황에 대해 중국어로 말해보세요.

상황 ▶ 중국 현지 담당자들이 준비한 연회 모임에 참석했습니다.

| 宴会 | 敬 | 干杯 | 合作 | 愉快 |

01 BIZ 대화

상대방과 역할을 나누어 아래의 본문을 읽고 밑줄 친 곳에 새로운 표현을 넣어 서로 대화해 봅시다.

중국 연회에 참석할 때! ①

王经理 今天为李社长一行①举办的欢送宴会，正式开始。
Wáng jīng lǐ   Jīn tiān wèi Lǐ shè zhǎng yì xíng   jǔ bàn de huān sòng yàn huì, zhèng shì kāi shǐ.

李社长 感谢大家为我们举办②如此隆重的③欢送宴会。
Lǐ shè zhǎng   Gǎn xiè dà jiā wèi wǒ men jǔ bàn   rú cǐ lóng zhòng de huān sòng yàn huì.

王经理 首先，我以全公司的名义，向李社长一行表示感谢。
Shǒu xiān, wǒ yǐ quán gōng sī de míng yì, xiàng Lǐ shè zhǎng yì xíng biǎo shì gǎn xiè.

李社长 哪里哪里，我们也感到非常荣幸。
Nǎ lǐ nǎ lǐ, wǒ men yě gǎn dào fēi cháng róng xìng.

王经理 这第一杯酒，预祝我们两家公司合作愉快。
Zhè dì yī bēi jiǔ, yù zhù wǒ men liǎng jiā gōng sī hé zuò yú kuài.

李社长 祝我们合作愉快，干杯。
Zhù wǒ men hé zuò yú kuài, gān bēi.

王经理 感谢李社长，干杯。
Gǎn xiè Lǐ shè zhǎng, gān bēi.

새로운 표현 Tip!

01

举行 jǔxíng
동 거행하다

准备 zhǔnbèi
동 준비하다

02

这么 zhème
대 이러한, 이렇게

这样 zhèyàng
대 이와 같다, 이렇게

03

接风宴 jiēfēng yàn
손님 맞이

乔迁宴 qiáoqiānyàn
명 집들이

중국 연회에 참석할 때! ②

王经理 接下来,第二杯就请李社长为大家提杯。
Jiē xià lái, dì èr bēi jiù qǐng Lǐ shè zhǎng wèi dà jiā tí bēi.

李社长 我非常感谢王经理和各位的热情①款待。在中国的这段时间,大家都为我们安排得非常周到,我代表我们一行人员表示感谢。
Wǒ fēi cháng gǎn xiè Wáng jīng lǐ hé gè wèi de rè qíng kuǎn dài. Zài Zhōng guó de zhè duàn shí jiān, dà jiā dōu wèi wǒ men ān pái de fēi cháng zhōu dào, wǒ dài biǎo wǒ men yì xíng rén yuán biǎo shì gǎn xiè.

王经理 这些都是应该的,别客气。
Zhè xiē dōu shì yīng gāi de, bié kè qi.

李社长 预祝我们的新产品在韩国畅销,干杯。
Yù zhù wǒ men de xīn chǎn pǐn zài Hán guó chàng xiāo, gān bēi.

王经理 欢迎你们常来,今后我们还会②开发更多的新产品。
Huān yíng nǐ men cháng lái, jīn hòu wǒ men hái huì kāi fā gèng duō de xīn chǎn pǐn.

李社长 好的,也欢迎你们来韩国做客。
Hǎo de, yě huān yíng nǐ men lái Hán guó zuò kè.

王经理 明天你们还得回国,我就不劝你们多喝了。
Míng tiān nǐ men hái děi huí guó, wǒ jiù bú quàn nǐ men duō hē le.

李社长 感谢各位的③盛情款待,干杯。
Gǎn xiè gè wèi de shèng qíng kuǎn dài, gān bēi.

새로운 표현 Tip!

01

招待 zhāodài
동 (손님이나 고객에게) 접대하다, 환대하다

接待 jiēdài
동 접대하다, 응접하다, 영접하다

02

研发 yánfā
동 연구 개발하다

造出 zàochū
동 만들어 내다

03

热情 rèqíng
형 열정적이다

真情 zhēnqíng
형 진심이다

본문 내용을 읽고 오른쪽 질문에 대해 중국어로 대답해 보세요.

01 接待中国客人时,如果您的酒量不行怎么办?
02 您去中国出差时,饭菜不合口怎么办?

제6과 · 请大家举杯! 53

02 BIZ 단어

중국 연회 모임에 참석할 때 자주 사용하는 단어입니다. 아래의 단어를 따라 읽고 단어 앞의 박스에 체크 표시해 보세요.

☑ ☐	01 一行	yìxíng	명 일, 동행
☐ ☐	02 提杯	tíbēi	잔을 들다
☐ ☐	03 欢送宴会	huānsòng yànhuì	명 환송회
☐ ☐	04 举办	jǔbàn	동 개최하다, 열다
☐ ☐	05 如此	rúcǐ	대 이와 같다, 이러하다
☐ ☐	07 款待	kuǎndài	동 (잔치·연회 등에 초대하여) 환대하다, 정성껏 대접하다
☐ ☐	08 名义	míngyì	명 명분, 명의
☐ ☐	09 畅销	chàngxiāo	형 판로가 넓다, 잘 팔리다, 매상이 좋다
☐ ☐	10 开发	kāifā	동 개발하다
☐ ☐	11 还得	háiděi	~도 해야 한다
☐ ☐	12 做客	zuòkè	동 손님이 되다
☐ ☐	13 盛情	shèngqíng	명 두터운 정, 후의

03 BIZ 패턴

아래의 표현을 읽어 보고 패턴을 활용한 문장을 써 보세요.

01 | 为…… 　~을 위한

今天**为**李社长一行举办的欢送宴会，正式开始。	▶	오늘 이 사장님 및 관련 일행 분들을 **위한** 송별회를 정식으로 시작하겠습니다.
为我们两个公司的合作愉快，干杯！	▶	저희 두 회사의 우호적인 협력 관계를 **위해**, 건배!

02 | 以……的名义 　~의 명의로

我**以**全公司**的名义**，向李社长一行表示感谢。	▶	제가 회사 전체**의 이름으로** 이 사장님께 감사를 표합니다.
他**以**社长**的名义**，向我们发来了邀请函。	▶	그는 사장님**의 명의로** 저희에게 초청장을 보내 왔습니다.

03 | 向 A 表示 B 　A에게 B를 표시하다

我以全公司的名义，**向**李社长一行**表示**感谢。	▶	제가 전체 회사의 이름으로, 이 사장님 일행**께** 감사를 **표합니다**.
对于这件事，我**向**您**表示**道歉。	▶	이 일에 대해 당신**께** 사과를 **표합니다**.

04 | A 代表 B 　A가 B를 대표하다

我**代表**我们一行人员表示感谢。	▶	저희 측 일행을 **대표하여** 감사를 표합니다.
他将**代表**韩国参加这次比赛。	▶	그는 한국을 **대표하여** 이번 대회에 참가할 것입니다.

BIZ 출장 tip!
중국인과 식사 모임!

중국으로 출장을 가게 되면 모임에 초대를 받게 되는 경우가 많이 있습니다. 이번 과에서는 중국인에게 초대받은 모임은 보통 어떻게 진행되는지 알아보려고 합니다.

가장 먼저, 참석가능 여부에 대해 전달해야 합니다. 만약 참석이 어려울 경우, 반드시 초대를 한 분에게 정중하게 사과를 드려야 하고 참석을 하게 되면 모임 시작 전 최소한 5분 전에 도착하는 것이 좋습니다. 모임에 도착하면 초대를 한 사람이 지정해 준 자리에 앉도록 합니다.

01 손님은 모임의 목적과 분위기에 맞는 옷차림을 준비합니다.
02 음식을 주문할 때 초대를 한 사람의 입장을 맞추는 것이 원칙이지만, 음식 주문할 것을 개인적으로 요청 받았을 때 가격을 고려하여 값비싼 음식은 주문하지 않도록 합니다.
03 먼저 초대를 한 사람 및 중요한 관계자 분들이 순서대로 축배사를 말씀하십니다.
04 모임이 시작되면 직급과 나이 그리고 여성 분 순서로 음식을 먹습니다.
05 술잔과 수저, 포크 등을 사용할 때 조심스럽게 다루고 과도한 음주는 피하도록 합니다.
06 입안에 음식물이 있을 때에는 말하지 않습니다.
07 모임에서는 가급적 중도에 퇴장하지 않도록 합니다. 부득이하게 퇴장해야 할 경우 정중히 양해를 구하고 나오도록 합니다.
08 모임에 참석한 사람들의 대화에 경청하고 그들이 나누는 화제에 같이 참여하는 것이 좋습니다.
09 자신만의 순발력과 센스로 주변 사람들에게 깊은 인상을 남기도록 합니다.
10 모임이 끝나면 순시에 따라 초대를 한 사람에게 악수를 청하면서 감사의 뜻을 표시해야 합니다

04 BIZ 롤플레이

상대방과 역할을 나누어 아래의 두 가지 상황에 맞는 대화를 중국어로 표현해 보세요.

01 환영회에서

在中国出差的李先生, 应邀参加中方习先生为他准备的欢迎宴会。宴会开始时, 习先生请李先生为宴会致祝酒词。
现在, 请您扮演李先生, 向参加宴会的各位致祝酒词。

단어 tip!

欢迎宴会	huānyíng yànhuì	명 환영회	致	zhì	동 (감정 등을)표시하다, 나타내다
祝酒词	zhùjiǔcí	명 축배사	辉煌	huīhuáng	형 (성취, 성과가)눈부시다, 뛰어나다

02 중국 동료의 생일 파티 참석

韩国的吴小姐, 去参加中国同事丁小姐的生日宴会。吴小姐送给丁小姐一个大熊猫娃娃, 祝贺丁小姐生日快乐。现在, 请您扮演吴小姐, 跟丁小姐进行对话。

단어 tip!

打扮	dǎban	명 분장, 차림 동 화장하다	祝贺	zhùhè	동 축하하다
快乐	kuàilè	형 즐겁다; 행복하다; 유쾌하다	大熊猫	dàxióngmāo	명 판다

05 BIZ 토론

아래 질문에 중국어로 대답해 보세요.

01 宴会上, 如果请您致祝酒词, 您怎么说?
02 您知道中国酒桌文化吗?

复习

请您说一下我们今天的课当中印象最深的。

备 / 忘 / 录

제7과

我们取得了好成果。

우리는 좋은 성과를 거두었습니다.

 학습목표
01 보고 및 평가와 관련된 단어 및 주요 표현을 학습하여 실제로 활용할 수 있습니다.
02 귀국 후에 출장 기간 동안 진행된 업무 및 결과에 대해 구체적으로 보고하고 평가할 수 있습니다.

 주요 패턴
01 "不仅 A, 而且 B"
02 "并……"
03 "仅……"
04 "一方面 A, 另一方面也 B"

情景对话 | 다음 사진을 보면서 아래의 단어들을 활용하여 주어진 상황에 대해 중국어로 말해보세요.

상황 ▶ 중국에서의 출장 일정을 마치고 귀국한 후, 회사에서 주요 내용을 보고하고 있습니다.

成果 | 报告 | 技术 | 决定 | 取得

01 BIZ 대화

상대방과 역할을 나누어 아래의 본문을 읽고 밑줄 친 곳에 새로운 표현을 넣어 서로 대화해 봅시다.

귀국 후, 회사에 보고할 때! ①

姜室长 (Jiāng shì zhǎng): 你们可回来了, 路上辛苦了!
Nǐ men kě huí lái le, lù shang xīn kǔ le!

公司一切都①正常。这次出差累坏了吧?
Gōng sī yí qiè dōu zhèngcháng. Zhè cì chū chāi lèi huài le ba?

张部长 (Zhāng bù zhǎng): 这次出差, 我们取得了预想不到的好成果。
Zhè cì chū chāi, wǒ men qǔ dé le yù xiǎng bú dào de hǎo chéng guǒ.

姜室长: 是吗? 来, 我给你们倒茶, 你们坐着慢慢儿②讲。
Shì ma? Lái, wǒ gěi nǐ men dào chá, nǐ men zuò zhe màn mànr jiǎng.

李社长 (Lǐ shè zhǎng): 我们经过四天的考察和了解, 对他们公司有了新的认识。王经理的公司不仅设备③先进, 而且技术领先, 管理也很正规。
Wǒ men jīng guò sì tiān de kǎo chá hé liǎo jiě, duì tā men gōng sī yǒu le xīn de rèn shi. Wáng jīng lǐ de gōng sī bù jǐn shè bèi xiān jìn, ér qiě jì shù lǐng xiān, guǎn lǐ yě hěn zhèng guī.

张部长: 最重要的是, 他们的新产品质量超出了我们的预料。
Zuì zhòng yào de shì, tā men de xīn chǎn pǐn zhì liàng chāo chū le wǒ men de yù liào.

李社长: 所以, 我们决定跟他们签订合同草案, 并取消了其他行程。
Suǒ yǐ, wǒ men jué dìng gēn tā men qiān dìng hé tong cǎo' àn, bìng qǔ xiāo le qí tā xíng chéng.

새로운 표현 Tip!

01

顺畅 shùnchàng
형 순조롭다, 원활하다

成功 chénggōng
형 성공적이다

02

谈 tán
동 말하다

说 shuō
동 이야기하다

03

优秀 yōuxiù
형 우수하다

领先 lǐngxiān
동 (함께 나아갈 때) 앞장 서다, 선두(맨 앞)에 서다

귀국 후, 회사에 보고할 때! ②

姜室长 那仅他们一家的生产能力, 能满足我们的需求吗?
Jiāng shì zhǎng　Nà jǐn tā men yì jiā de shēngchǎn néng lì, néng mǎn zú wǒ men de xū qiú ma?

李社长 我也①考虑过这一点了, 但他们已经有了新的扩建计划。下周三, 王经理将访问我们公司。到时候我们准备正式签订合同。
Lǐ shè zhǎng　Wǒ yě kǎo lǜ guò zhè yì diǎn le, dàn tā men yǐ jīng yǒu le xīn de kuò jiàn jì huá. Xià zhōu sān, Wáng jīng lǐ jiāng fǎng wèn wǒ men gōng sī. Dào shí hou wǒ men zhǔn bèi zhèng shì qiān dìng hé tong.

姜室长 那我们赶快起草合同草案, 看看有没有②补充的。
Nà wǒ men gǎn kuài qǐ cǎo hé tong cǎo' àn, kàn kan yǒu méi yǒu bǔ chōng de.

李社长 还有, 王经理准备让我们做他们的新产品在韩国的独家专销点。
Hái yǒu, Wáng jīng lǐ zhǔn bèi ràng wǒ men zuò tā men de xīn chǎn pǐn zài Hán guó de dú jiā zhuānxiāo diǎn.

姜室长 一方面是对我们的信任, 另一方面也是对我们的③鞭策啊。
Yì fāng miàn shì duì wǒ men de xìn rèn, lìng yì fāng miàn yě shì duì wǒ men de biān cè a.

李社长 所以我们得更加努力工作, 不断扩大我们的销售网。
Suǒ yǐ wǒ men děi gèng jiā nǔ lì gōng zuò, bú duàn kuò dà wǒ men de xiāo shòu wǎng.

새로운 표현 Tip!

01

担心 dānxīn
동 염려하다, 걱정하다

顾虑 gùlǜ
동 고려하다, 걱정하다

02

修改 xiūgǎi
동 수정하다, 고치다

增补 zēngbǔ
동 보충하다

03

推动力 tuīdònglì
명 추진력

勉励 miǎnlì
명 격려

본문 내용을 읽고 오른쪽 질문에 대해 중국어로 대답해 보세요.

01 姜室长所担心的是什么?
02 王经理访问韩国李社长的公司, 到时候双方谈什么?

02 BIZ 단어

귀국 후, 중국 출장 보고할 때 자주 사용하는 단어입니다. 아래의 단어를 따라 읽고 단어 앞의 박스에 체크 표시해 보세요.

01	预想不到	yùxiǎngbúdào	예상치 못하다
02	倒茶	dàochá	동 차를 따르다
03	成果	chéngguǒ	명 성과, 결과
04	考察	kǎochá	동 고찰하다, 정밀히 관찰하다
05	设备	shèbèi	명 설비, 시설
06	鞭策	biāncè	동 독려하고 재촉하다
07	领先	lǐngxiān	동 (함께 나아갈 때)앞장서다, 선두(맨 앞)에 서다
08	正规	zhèngguī	형 정규의, 표준의
09	扩建	kuòjiàn	동 증축하다, 확대하다, 확장하다
10	正式	zhèngshì	형 정식의, 공식의, 정규의
11	研究	yánjiū	동 연구하다, 탐구하다
12	独家	dújiā	형 독점의, 단독의
13	信任	xìnrèn	동 신임(신뢰)하다, 믿고 맡기다
14	销售网	xiāoshòuwǎng	명 판매 네트워크

03 BIZ 패턴

아래의 표현을 읽어 보고 패턴을 활용한 문장을 써 보세요.

01 | 不仅 A, 而且 B 〉 A 뿐만 아니라, B 또한(도)

王经理的公司**不仅**设备先进，**而且**技术领先，管理也很正规。	왕 사장님의 회사는 시설도 최신식일 **뿐만 아니라**, 기술 **또한** 앞서 있고 관리 또한 매우 철저합니다.
自然环境上，**不仅**山青水绿，**而且**空气也很新鲜。	자연환경 면에서, 산이 아름답고 물도 깨끗할 **뿐만 아니라**, 공기**도** 깨끗하네요.

02 | 并…… 〉 게다가 ~, 그리고 ~

我们决定跟他们签订合同草案，**并**取消了其他行程。	우리는 그들과 계약서 초안을 작성하기로 결정**했고**, 기타 일정은 취소했습니다.
明天你去机场接客户，**并**把他们安排到宾馆。	내일 공항에 가서 고객을 맞이**하고**, 그들을 호텔까지 모셔 드리도록 하세요.

03 | 仅…… 〉 다만, 단지 ~뿐

那**仅**他们一家的生产能力， 能满足我们的需求吗?	그것은 그들 일가의 생산 능력**일 뿐**, 저희 측의 수요를 맞출 수 있을까요?
主要是因为我们公司**仅**有一条自动化生产线。	주요 원인은 우리 회사가 하나의 자동화 생산 라인**만** 가지고 있다는 것입니다.

04 | 一方面 A, 另一方面也 B 〉 한편으로는 A하고 또 다른 한편으로는 B에도 하다.

一方面是对我们的信任，**另一方面也**是对我们的鞭策啊。	이는 **한편으로는** 우리에 대한 믿음이고, **또 다른 한편으로는** 우리에 대한 독촉**이기도 합니다**.
一方面要抓好产品数量，**另一方面也**要抓好质量。	**한편으로는** 제품수량을 확보해야 하고, **또 다른 한편으로는** 제품의 질에도 신경 써야 합니다.

BIZ 출장 tip!
중국 출장 중, 주의사항!

중국 출장기간 동안 개인적인 부주의로 인해 뜻하지 않게 적지 않은 사고가 발생합니다. 이번 과에서는 출장 기간 동안 반드시 주의해야 하는 사항들에 대해 알아보려고 합니다.

01 여권, 신분증, 핸드폰, 지갑, 은행카드만큼은 반드시 챙겨야 합니다.

02 출장 중에 분실의 위험이 있기 때문에 지갑의 현금은 1,000 위안 이하로 가지고 다니고 이 때 카드에도 너무 많은 액수를 남기지 않도록 합니다.

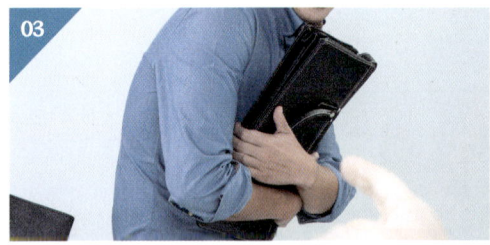

03 대중교통 이용 시 가방을 앞에 멘 채로 타고, 앉은 후에는 절대 잠들면 안 됩니다.

04 낯선 사람이 아주 친절하고 자연스럽게 말을 걸 때에는 더 조심해야 합니다.

05 낯선 사람이 휴대폰을 빌려주거나 건네주는 주는 음료수와 음식물은 절대 이용하면 안됩니다.

请注意~!!!

04 BIZ 롤플레이

상대방과 역할을 나누어 아래의 두 가지 상황에 맞는 대화를 중국어로 표현해 보세요.

01 중국 베이징 출장 보고

韩国的金先生刚刚从北京出差回来,到公司办公室向社长汇报出差情况。金先生的出差任务是,去北京考察笔记本电脑市场的实际情况。
现在,请您扮演金先生,跟社长进行对话。

단어 tip!

| 市场 | shìchǎng | 명 시장 | 占有率 | zhànyǒulǜ | 명 점유율 |
| 功能 | gōngnéng | 명 기능, 작용, 효능 | 品牌 | pǐnpái | 명 상표 |

02 중국 지사의 영업 상황 보고

韩国的高小姐出差去中国分社,实地考察分社的运营情况。这个公司从事饮料食品出口行业,正准备扩大业务。现在,请您扮演高小姐,跟部长进行对话。

단어 tip!

| 实地 | shídì | 부 실제로 | 饮料 | yǐnliào | 명 음료 |
| 运营 | yùnyíng | 형 운영하다 | 状况 | zhuàngkuàng | 명 상황 |

05 BIZ 토론

아래 질문에 중국어로 대답해 보세요.

01 从中国出差回来后,怎样向公司做报告?

02 出差去中国前,应该做什么准备?

复习
请您说一下今天的课当中印象最深的。

제7과 · 我们取得了好成果。

备 / 忘 / 录

제8과

你的BCT成绩怎么样?
당신의 BCT 성적은 어떻습니까?

학습목표
01 실제 중국 출장 일정에 대비하여 무엇이 필요한지 생각해 보고 준비할 수 있습니다.
02 중국 출장 중 실제 겪을 수 있는 상황을 알아보고 파악할 수 있습니다.

주요 패턴
01 "还有……"
02 "最少也得……"
03 "好好儿……"
04 "多……"

情景对话 | 다음 사진을 보면서 아래의 단어들을 활용하여 주어진 상황에 대해 중국어로 말해보세요.

상황 ▶ 국내 회사의 담당 직원이 중국에 파견 중인 직원을 방문하여 상담하고 있습니다.

| 体会 | 关系 | 汉语成绩 | 信任 | 中国同事 |

01 BIZ 대화

상대방과 역할을 나누어 아래의 본문을 읽고 밑줄 친 곳에 새로운 표현을 넣어 서로 대화해 봅시다.

출장 중, 실제 겪는 일! ①

李社长 你在中国工作已经有一年了吧?
Lǐ shè zhǎng　Nǐ zài Zhōngguó gōngzuò yǐjīng yǒu yì nián le ba?

林主任 还有一个月就一年了。
Lín zhǔ rèn　Hái yǒu yí gè yuè jiù yì nián le.

李社长 这一年期间, 你最大的①体会是什么?
Zhè yì nián qī jiān, nǐ zuì dà de tǐhuì shì shénme?

林主任 我觉得最②重要的还是学会了汉语。
Wǒ juéde zuì zhòngyào de háishì xuéhuì le Hànyǔ.

李社长 你的BCT成绩怎么样?
Nǐ de BCT chéngjì zěnmeyàng?

林主任 上个月刚刚考试, 考了285分。
Shàng ge yuè gānggāng kǎoshì, kǎo le èrbǎibāshíwǔ fēn.

李社长 在中国工作, 最少也得拿300分啊。
Zài Zhōngguó gōngzuò, zuìshǎo yě děi ná sānbǎi fēn a.

林主任 我会努力学习汉语的。不过汉语的确
Wǒ huì nǔlì xuéxí Hànyǔ de.　Búguò Hànyǔ díquè

很难, 而且汉字也太复杂。
hěn nán,　érqiě Hànzì yě tài fùzá.

李社长 年轻人应该多学习, 这么好的机会, 应
Niánqīng rén yīnggāi duō xuéxí,　zhème hǎo de jīhuì,　yīng

该好好儿③把握。
gāi hǎohāor bǎwò.

새로운 표현 Tip!

01

收获 shōuhuò
명 수확

感触 gǎnchù
명 느낌

02

关键 guānjiàn
형 관건이다

要紧 yàojǐn
형 중요하다

03

掌握 zhǎngwò
동 파악하다

控制 kòngzhì
동 제어하다, 규제하다

출장 중, 실제 겪는 일! ②

李社长 对了, 你们跟中国同事的关系怎么样?
Lǐ shèzhǎng Duì le, nǐ men gēn Zhōngguó tóng shì de guān xi zěn me yàng?

林主任 我们跟他们的关系越来越近了。
Lín zhǔ rèn Wǒ men gēn tā men de guān xi yuè lái yuè jìn le.

李社长 那就好。工作的时候要有耐心, 要多
Nà jiù hǎo. Gōng zuò de shí hou yào yǒu nài xīn, yào duō

① 理解他们。
lǐ jiě tā men.

林主任 好的, 我会多跟他们 ② 交流的。
Hǎo de, wǒ huì duō gēn tā men jiāo liú de.

李社长 韩国和中国文化不同, 所以难免会有
Hán guó hé Zhōngguó wén huà bù tóng, suǒ yǐ nán miǎn huì yǒu

误会。
wù huì.

林主任 我明白您的意思, 请您放心。
Wǒ míng bái nín de yì si, qǐng nín fàng xīn.

李社长 我再给你 ③ 提个要求。以后中国职员
Wǒ zài gěi nǐ tí gè yāo qiú. Yǐ hòu Zhōngguó zhí yuán

有什么要求, 咱们尽量满足他们。
yǒu shén me yāo qiú, zán men jǐn liàng mǎn zú tā men.

林主任 知道了, 社长。
Zhī dào le, shè zhǎng.

새로운 표현 Tip!

01

了解 liǎojiě
동 자세하게 알다, 이해하다

清楚 qīngchu
형 분명하다, 조리있다, 알기 쉽다

02

交谈 jiāotán
동 이야기를 나누다

商量 shāngliang
동 (주로 말로 일반적인 문제를) 상의하다, 의논하다

03

提出 tíchū
동 제기하다, 제의하다

指出 zhǐchū
동 지적하다

본문 내용을 읽고 오른쪽 질문에 대해 중국어로 대답해 보세요.

01 您考过BCT考试吗? 您觉得汉语难不难? 为什么?
02 请您说一下出差当中印象最深的经验。

02 BIZ 단어

위의 실제 사례와 관련하여 자주 사용하는 단어입니다. 아래의 단어를 따라 읽고 단어 앞의 박스에 체크 표시해 보세요.

✓	☐	01	还是	háishi	부 그래도, 역시
☐	☐	02	成绩	chéngjì	명 성적, 성과, 수확
☐	☐	03	刚刚	gānggāng	부 방금 전, 이제 금방
☐	☐	04	考	kǎo	동 시험을 보다
☐	☐	05	的确	díquè	부 확실히, 분명히
☐	☐	06	复杂	fùzá	형 복잡하다
☐	☐	07	把握	bǎwò	동 파악하다
☐	☐	08	关系	guānxi	명 관계
☐	☐	09	越来越	yuèláiyuè	부 더욱더, 점점, 갈수록
☐	☐	10	耐心	nàixīn	명 인내심, 참을성
☐	☐	11	理解	lǐjiě	동 이해하다
☐	☐	12	交流	jiāoliú	동 교류하다, 소통하다
☐	☐	13	难免	nánmiǎn	동 면하기 어렵다, 피하기 어렵다

03 BIZ 패턴

아래의 표현을 읽어 보고 패턴을 활용한 문장을 써 보세요.

01 | 还有…… ~더 있으면

还有一个月就一年了。	▶ 한 달 더 있으면 1년이 됩니다.
还有半小时，就要下班了。	▶ 30분 더 있으면 퇴근해야 합니다.

02 | 最少也得…… 최소 ~는 해야 한다

在中国工作，最少也得打300分。	▶ 중국에서 일하려면 최소 300점은 받아야 합니다.
今天来开会的人，最少也得有200人。	▶ 오늘 회의에 오는 사람은 최소 200명은 되어야 합니다.

03 | 好好儿…… 잘~

这么好的机会，应该好好儿把握。	▶ 이렇게 좋은 기회는 잘 잡아야 합니다.
你应该好好儿想想，别急着做。	▶ 잘 생각하셔야 합니다, 조급하게 서둘러서 하지 마십시오.

04 | 多…… 많이 ~

工作的时候要有耐心，要多理解他们。	▶ 근무할 때 인내심이 있어야 하고, 그들을 많이 이해해 주어야 합니다.
学习汉语要多听，多说，多写。	▶ 중국어를 배울 때에는 많이 듣고, 많이 말하고, 많이 써야 합니다.

BIZ 출장 tip!
중국에서의 쇼핑

중국에서 출장 일정이 끝나갈 무렵, 보통 물건을 구매하거나 쇼핑을 하는 경우가 많이 있습니다.
이번 마지막 과에서는 중국에서 쇼핑할 때 주의해야 할 부분과 요령에 대해서 알아보려고 합니다.

쇼핑 주의사항 8가지!

01 해외에서 쇼핑하기 전, 주변의 친구들과 지인들의 말씀을 많이 듣고 많이 물어보고 많이 알아보시는 게 좋습니다.

02 환전은 미리 은행에서 하는 것이 가장 좋습니다.

03 입 소문으로 유명한 일부 시장에서 판매하는 상품은 진품이 아닐 가능성이 많습니다.

04 공식적으로 등록된 상점은 일반적으로 국가행정기관에서 인정한 등기 표시가 선명한 곳에 설치되어 있어서 미리 확인하시면 가장 좋습니다.

05 가격흥정이 가능한 곳에서 자신이 원하는 상품을 보았을 때, 관련 정보에 대해 급하게 물어보면 제값보다 더 지불해야 하는 경우가 많습니다. 따라서, 차분하게 잠시 지켜본 후 가격흥정을 유도하는 것이 좋은데 판매자가 처음 제시한 가격의 절반 액수부터 흥정을 하는 것이 가장 안전합니다. 다만, 원래 가격이 너무 저렴할 경우 조심해야 합니다.

06 상품의 상표와 설명서를 하나도 빠짐없이 잘 챙기셔야 합니다.

07 상품의 가격, 산지, 생산자, 용도, 규격, 등급, 생산날짜, 유효기간, 검사합격증, A/S서비스 등을 하나씩 모두 확인하셔야 합니다.

08 상품의 상표와 설명서를 하나도 빠짐없이 잘 챙기셔야 합니다. 상품의 가격, 산지, 생산자, 용도, 규격, 등급, 생산날짜, 유효기간, 검사합격증, A/S서비스 등을 하나씩 모두 확인하셔야 합니다.

04 BIZ 롤플레이

상대방과 역할을 나누어 아래의 두 가지 상황에 맞는 대화를 중국어로 표현해 보세요.

01 현지 직원 채용 시

韩国的黄先生, 要在中国招聘两个管理人员。他在面试场上, 跟前来面试的中方人员对话, 了解情况。
现在, 请您扮演黄先生, 跟参加面试的人进行对话。

단어 tip!

| 管理 | guǎnlǐ | 동 관리하다 | 专业 | zhuānyè | 명 전공 |
| 面试 | miànshì | 명 면접시험 | 应聘 | yìngpìn | 동 지원하다 |

02 업무 처리 방식

韩国公司的闵部长, 跟李科长商量, 如何处理公司业务。要求李科长要主动承担责任, 不要什么小事都向总公司报告。
现在, 请您扮演闵部长, 跟李科长进行对话。

단어 tip!

| 主动 | zhǔdòng | 형 능동적인, 자발적인 | 做主 | zuòzhǔ | 동 책임지고 결정하다 |
| 汇报 | huìbào | 동 (상황이나 관련자료) 종합하여 보고하다 | 必须 | bìxū | 부 반드시 ~해야 한다 |

05 BIZ 토론

아래 질문에 중국어로 대답해 보세요.

01 去中国出差的时候, 最好在哪儿换钱? 为什么?
02 在中国怎么购物才能买到货真价实的东西?

复习

请您说一下我们今天学的课当中印象最深的。

备/忘/录

八先生 중국어
비즈니스 스킬 | 출장

단어 부록

찾아보기

A		
安排	ānpái	동 (인원, 시간)안배하다, 일을 처리하다, 준비하다
安全工作	ānquán gōngzuò	명 안전동작

B		
把	bǎ	개 ~을 (가지고, 목적어 강조)
把握	bǎwò	동 파악하다
百闻不如一见	bǎiwénbùrú yíjiàn	성 백문이 불여일견이다
办公室	bàngōngshì	명 사무실, 오피스, 부서
办妥	bàntuǒ	동 (일을) 잘 처리하다
扮演	bànyǎn	동 ~역을 맡아 하다, 출연하다
报告	bàogào	동 보고(발표, 연설)하다 명 보고, 보고서
抱歉	bàoqiàn	동 미안하게 생각하다
比较	bǐjiào	동 비교하다 부 비교적, 상대적으로
闭幕式	bìmùshì	명 폐막식
比赛	bǐsài	명 경기, 시합
必须	bìxū	부 반드시 ~해야 한다
鞭策	biāncè	동 독려하고 재촉하다
表示	biǎoshì	동 의미하다, 가리키다, 나타내다, 표시하다
并……	bìng……	게다가 ~, 그리고 ~
不大不小	búdà bùxiǎo	형 딱 맞다
不得不	bùdébù	부 어쩔 수 없이, 반드시 미안하다
不好意思	bùhǎoyìsi	
不仅 A, 而且 B	bùjǐn A érqiě B	A 뿐만 아니라, B 또한
不瞒你说……	bùmánnǐ shuō……	솔직히 말하면, 사실 ~
不满意	bùmǎnyì	명 불만
部署	bùshǔ	동 배치하다, 안배하다
布置	bùzhì	동 진열하다, 배치하다

C		
参观	cānguān	동 (공장, 전람회) 시찰하다, 참관하다
参加	cānjiā	동 참가 (가입, 참여, 참석)하다
草案	cǎo'àn	명 초안
产品	chǎnpǐn	명 생산품, 제품
畅销	chàngxiāo	형 판로가 넓다, 잘 팔리다, 매상이 좋다
超前意识	chāoqiányìshí	명 시대를 앞서가는 의식
车间	chējiān	명 작업장, 작업 현장
承担责任	chéngdān zérèn	책임을 맡다
程度	chéngdù	명 정도, 수준
成功	chénggōng	형 성공적이다
成果	chéngguǒ	명 성과, 결과
成绩	chéngjì	명 성적, 성과, 수확
诚意	chéngyì	명 성의
出差	chūchāi	동 (외지로) 출장가다
初次	chūcì	명 처음, 첫번째
处理	chǔlǐ	동 처리하다, (문제를) 해결하다
出色的	chūsède	훌륭한
出席	chūxí	동 회의에 참가(참석, 출석)하다
从……赶来	cóng……gǎnlái	~로부터 달려 오다
从事……行业	cóngshì……hángyè	~업(계)에 종사하다

D		
打扮	dǎban	동 화장하다 명 분장, 차림
打车	dǎchē	동 택시를 타다
大概……	dàgài……	대략적으로~
打算	dǎsuàn	동 ~할 생각이다, ~하려고 하다, 계획하다 명 생각, 계획

中文	拼音	뜻
答谢	dáxiè	동 사례하다, 사의(감사)를 표하다
大学毕业	dàxuébìyè	대학을 졸업하다
打印机	dǎyìnjī	명 프린트기
呆	dāi	동 머물다
代表	dàibiǎo	대표하다
担心	dānxīn	동 걱정하다
当地	dāngdì	명 현장, 그 곳
当做	dàngzuò	~로 여기다 (삼다, 간주하다, 보다)
倒茶	dàochá	동 차를 따르다
到达	dàodá	동 도달하다, 도착하다, 이르다
道歉	dàoqiàn	동 사과(사죄)하다
的确	díquè	부 확실히, 분명히
电脑	diànnǎo	명 컴퓨터
电子商城	diànzǐshāngchéng	명 전자상가
堵车	dǔchē	동 차가 막히다
独家	dújiā	형 독점의, 단독의
对……	duì……	~에 대해
多……	duō……	많이 ~

F

中文	拼음	뜻
发布会	fābùhuì	명 발표회
发言	fāyán	동 의견을 발표하다, 발언하다 / 명 발언, 발표한 의견
发言稿	fāyángǎo	명 발표 원고
访问	fǎngwèn	동 방문하다, 구경하다, 둘러보다
费心	fèixīn	동 걱정하다, 염려하다
分离	fēnlí	동 분리하다, 나누다, 가르다, 구별하다
分散	fēnsàn	동 분산시키다, 배포하다 / 형 분산하다, 흩어지다
分社	fēnshè	명 지사
复杂	fùzá	형 복잡하다
负责	fùzé	동 책임지다 / 형 맡은 바 책임을 다하다, 책임감이 강하다
服装	fúzhuāng	명 복장, 의류, 의상, 의복

G

中文	拼音	뜻
改变	gǎibiàn	동 변하다, 바뀌다, 달라지다
感触	gǎnchù	명 느낌
刚刚	gānggāng	부 방금 전, 이제 금방
高手	gāoshǒu	명 고수, 달인
告诉	gàosu	동 말하다, 알리다
告知	gàozhī	동 알리다, 알려주다
各有	gèyǒu	각각의
跟……相比	gēn……xiāngbǐ	~과 서로 비교했을 때
跟以前一样	gēn yǐqián yíyàng	예전과 같다
功能	gōngnéng	명 기능, 작용, 효용
购买	gòumǎi	동 사다, 구매(구입)하다
骨干	gǔgàn	명 골간, 기본적이면서 핵심적인 부분
估计……	gūjì……	예측하건대, 어림잡아 ~
估计到	gūjìdào	동 예측해내다
鼓励	gǔlì	동 격려하다
顾虑	gùlǜ	동 고려하다, 걱정하다
关键	guānjiàn	형 관건이다
管理	guǎnlǐ	동 관리하다, 맡아서 처리하다
关系	guānxi	명 관계
光荣	guāngróng	형 영광스럽다, 영예롭다
广州	Guǎngzhōu	지명 광저우
贵公司	guìgōngsī	명 귀사
规模	guīmó	명 규모
过奖	guòjiǎng	동 과찬이십니다

H

还得	háiděi	~도 해야 한다
还是	háishi	부 그래도, 역시
还有……	háiyǒu……	~ 더 있으면
好	hǎo	형 좋은
好好儿	hǎohāor	형 잘, 제대로
好像	hǎoxiàng	부 마치 ~와 같다
贺词	hècí	명 축사
合适	héshì	형 적당(적합)하다, 알맞다
合作公司	hézuò gōngsī	명 협력회사
换钱	huànqián	동 환전하다, 잔돈을 바꾸다
欢送宴会	huānsòng yànhuì	명 환송회
汇报	huìbào	동 (상황이나 관련자료) 종합하여 보고하다
会场	huìchǎng	명 회의장
辉煌	huīhuáng	형 (성취, 성과가) 눈부시다, 뛰어나다
会议	huìyì	명 회의
货真价实	huòzhēnjiàshí	성 품질도 믿을 만하고 가격도 공정하다, 조금도 거짓이 없다

J

计划	jìhuà	명 계획, 방안
技术	jìshù	명 기술
加工工厂	jiāgōng gōngchǎng	가공공장
简单	jiǎndān	형 간단하다, 단순하다
建立	jiànlì	동 세우다, 만들다, 구성하다, 형성하다
降	jiàng	동 내리다, 내려가다(오다), 낮추다
讲话	jiǎnghuà	동 말하다, 발언하다, 질책하다, 나무라다 / 명 담화, 연설
交流	jiāoliú	동 교류하다, 소통하다
交流会	jiāoliúhuì	명 교류회
交谈	jiāotán	동 이야기를 나누다
接	jiē	동 이어지다, 연결하다, 연결되다; 접촉하다
接待	jiēdài	동 접대하다, 응접하다, 영접하다
接风宴	jiēfēng yàn	손님 맞이
接近	jiējìn	동 접근하다, 다가가다 / 형 비슷하다, 가깝다
介绍	jièshào	동 소개하다
仅……	jǐn……	다만, 단지 ~뿐
金额	jīn'é	명 금액
尽快	jǐnkuài	부 되도록 빨리
尽量	jǐnliàng	부 가능한 한, 되도록, 될 수 있는 대로
进行	jìnxíng	동 앞으로 나아가다, 진행하다, 종사하다
尽早	jǐnzǎo	부 되도록 일찍
经过……	jīngguò……	~을 거쳐
经理	jīnglǐ	명 (기업) 경영관리 책임자, 지배인, 사장
经验	jīngyàn	명 경험, 체험
久经沙场	jiǔjīngshāchǎng	성 풍부한 실전 경험을 가지고 있다
酒桌文化	jiǔzhuō wénhuà	술자리 문화
举办	jǔbàn	동 개최하다, 열다
举行	jǔxíng	동 거행하다
聚一聚	jùyījù	동 같이 모이다

K

开发	kāifā	동 개발하다
开工之前	kāigōng zhīqián	작업 직전
开会	kāihuì	동 회의를 열다(하다)
开幕	kāimù	동 개막하다
开始	kāishǐ	동 시작하다(되다), 착수하다, 개시하다

考	kǎo	동 시험을 보다			**M**	
考察	kǎochá	동 고찰하다, 정밀히 관찰하다		满意	mǎnyì	형 만족스럽다, 흡족하다
				满足	mǎnzú	동 만족하다(시키다)
考虑	kǎolǜ	동 고려하다, 생각하다, 구상하다		没想到	méixiǎngdào	미처 생각하지 못하다
				勉励	miǎnlì	명 격려
客户	kèhù	명 고객, 거래처		面试	miànshì	명 면접시험
可以	kěyǐ	동 ~해도 된다		名不虚传	míngbùxūchuán	성 명실상부하다
控制	kòngzhì	동 제어하다, 규제하다		名义	míngyì	명 명분, 명의
快乐	kuàilè	형 즐겁다; 행복하다; 유쾌하다				
快要	kuàiyào	부 곧(머지않아) (~하다)			**N**	
款待	kuǎndài	동 (잔치·연회 등에 초대하여) 환대하다, 정성껏 대접하다		那还用说	nàháiyòngshuō	당연하다
				耐心	nàixīn	명 인내심, 참을성
				难	nán	형 (~하기) 어렵다(힘들다)
款式	kuǎnshì	명 스타일, 타입, 양식, 격식		难免	nánmiǎn	동 면하기 어렵다, 피하기 어렵다
扩大业务	kuòdàyèwù	명 업무확장		难题	nántí	명 난제
扩建	kuòjiàn	동 증축하다, 확대하다, 확장하다		能不……吗?	néng bú……ma?	~하지 않을 수 있겠습니까? (~하지 않을 수 없다)
				能手	néngshǒu	명 일인자, 대가
				努力	nǔlì	노력하다, 힘쓰다, 열심히 하다
	J					
老手	lǎoshǒu	명 전문가, 베테랑				
了	le	조 ~을 했다 (완료)			**O**	
了解	liǎojiě	동 자세하게 알다, 이해하다		偶然	ǒurán	형 우연하다 부 우연히, 뜻밖에, 간혹
厉害	lìhai	형 대단하다, 굉장하다				
理解	lǐjiě	동 이해하다				
临时	línshí	형 잠시의, 일시적인 부 그 때가 되어, 때에 이르러			**P**	
领先	lǐngxiān	동 (함께 나아갈 때) 앞장서다, 선두(맨 앞)에 서다		派	pài	동 보내다
				碰碰头	pèngpèngtóu	머리를 맞대다
				便宜	piányi	형 (가격 또는 값이) 싸다
隆重	lóngzhòng	형 성대하다, 성대하고 장중하다		品牌	pǐnpái	명 상표
路上	lùshang	명 길 가는 중, 도중		评议会	píngyìhuì	평의원회

Q			
齐	qí	형	갖추다, 완전하게 되다
起草	qǐcǎo	동	초안을 작성하다
起作用	qǐzuòyòng	동	역할을 하다, 효과가 (효능이) 나타나다, 작용을 하다
洽谈	qiàtán	동	협의하다, 상담하다
签订合同	qiāndìng hétong		계약을 체결하다
千万	qiānwàn	부	부디, 꼭, 절대로
乔迁宴	qiáoqiānyàn	명	집들이
亲眼	qīnyǎn	부	직접 자신의 눈으로(보다)
亲自	qīnzì	부	직접(하다), 손수, 친히
清楚	qīngchu	형	분명하다, 조리있다, 알기 쉽다
请柬	qǐngjiǎn	명	초대장
情况	qíngkuàng	명	상황, 정황
轻视	qīngshì	동	경시하다
取得成功	qǔdé chénggōng		성공을 거두다
取消	qǔxiāo	동	취소하다
全(体)员工	quán (tǐ) yuángōng	전	직원
确定	quèdìng	동	확정하다
确实	quèshí	형	확실하다, 믿을 만하다
		부	절대로, 정말로, 확실히, 틀림없이
缺席	quēxí	동	결석하다

R			
让	ràng	사역	~하게 하다
热情	rèqíng	형	열정적이다
认识	rènshi	동	알다
荣幸	róngxìng	형	매우 영광스럽다
荣耀	róngyào	형	영광스럽다, 영예롭다
如此	rúcǐ	대	이와 같다, 이러하다
如何	rúhé	대	어떠한가, 어떻게, 왜, 어째서

S			
商量	shāngliang		(주로 말로 일반적인 문제를) 상의하다, 의논하다
上市	shàngshì	동	출시하다
商谈	shāngtán	동	협의하다, 의논(논의)하다
上涨	shàngzhǎng	동	(수위, 물가) 오르다
稍微	shāowēi	형	조금, 약간
设备	shèbèi	명	설비, 시설
什么……	shénme……		무엇(이나), 무엇(이든지), 아무 것(이나), 아무런
什么时候	shénmeshíhou		언제든지
深圳	Shēnzhèn	지명	심천
生产率	shēngchǎnlǜ	명	생산율
生产能力	shēngchǎn nénglì	명	생산능력
生产线	shēngchǎnxiàn	명	생산 라인
盛大	shèngdà	형	성대하다
生活水平	shēnghuó shuǐpíng	명	생활 수준(정도)
盛情	shèngqíng	명	두터운 정, 후의
生日宴会	shēngrìyànhuì		생일파티
视察	shìchá	동	관찰하다, 시찰하다
市场	shìchǎng	명	시장
实地	shídì	부	실제로
实力	shílì	명	실력
事先	shìxiān	명	사전(에), 미리
适应	shìyìng	동	적응하다
收获	shōuhuò	명	수확
数量	shùliàng	명	수량
水平	shuǐpíng	명	수준
水泄不通	shuǐxièbùtōng	성	경계가 삼엄하다
顺畅	shùnchàng	형	순조롭다, 원활하다, 뜻대로 되다
顺通	shùntōng		순조롭게 진행되다
顺应	shùnyìng	동	순응하다, 적응하다
说	shuō	동	이야기하다

说明	shuōmíng	동 설명하다, 해설하다, 증명하다, 입증하다, 분명하게 말하다
速度	sùdù	동 속도
随便	suíbiàn	동 마음대로 하다 부 마음대로

T

谈	tán	동 말하다
特地	tèdì	부 특별히, 일부러, 모처럼
特意	tèyì	부 특별히, 일부러
提杯	tíbēi	잔을 들다
提出	tíchū	동 제기하다, 제의하다
提高	tígāo	동 (위치, 수준, 질, 수량) 제고하다, 향상시키다
体会	tǐhuì	동 경험하여 알다, 이해하다 명 경험, 배운 것, 얻은 것
提前	tíqián	동 (예정된 시간, 위치를) 앞당기다
提议	tíyì	동 제의하다
添麻烦	tiānmáfan	동 폐를 끼치다
条件	tiáojiàn	명 조건
调整	tiáozhěng	동 조정하다, 조절하다
听说	tīngshuō	동 듣자(하)니
通过	tōngguò	~을 통해
同事	tóngshì	명 동료
同岁	tóngsuì	형 같은 나이이다
通知	tōngzhī	동 통지하다 명 통지서
投产	tóuchǎn	동 생산에 들어가다
突然	tūrán	부 갑자기, 문득, 불쑥
推迟	tuīchí	명 뒤로 미루다, 연기하다
推动力	tuīdònglì	명 추진력
推广	tuīguǎng	동 널리 보급 (확대, 확충)하다

W

完成任务	wánchéng rènwu	임무를 다하다
晚宴	wǎnyàn	명 저녁 연회
为……	wèi……	~을 위한
位置	wèizhi	명 위치
问题	wèntí	명 문제
无法	wúfǎ	동 방법이(방도가) 없다, 할 수 없다
无论何时	wúlùn héshí	어느 때에 관계없이

X

细节	xìjié	명 세부사항
下班之前	xiàbān zhīqián	퇴근 직전
下个月初	xiàge yuèchū	다음 달 초
夏季	xiàjì	명 하계, 여름
下来	xiàlái	동사 뒤에서 "고정 또는 지속"을 나타내는 보어
先进	xiānjìn	형 선진의, 남보다 앞선 명 앞선 사람, 선진적인 인물(집단), 앞서 가는 일
嫌弃	xiánqì	동 싫어하다
现有	xiànyǒu	동 현재 있다, 현존하다, 지금 존재하다
想	xiǎng	동 생각하다
向A 表示B	xiàng A biǎoshì B	A에게 B를 표시하다
想到	xiǎngdào	동 생각이 나다
想法	xiǎngfǎ	명 생각, 의견, 견해
相关事宜	xiāngguānshìyí	명 관련 사항
相互	xiānghù	부 상호 간에, 서로 간에
小看	xiǎokàn	동 우습게 보다
销售	xiāoshòu	동 판매하다
销售额	xiāoshòu'é	명 매출 금액
销售网	xiāoshòuwǎng	명 판매 네트워크
新产品	xīnchǎnpǐn	명 신제품

信任	xìnrèn	동 신임(신뢰)하다, 믿고 맡기다		应邀	yìngyāo	동 초청에 응하다
新颖	xīnyǐng	형 새롭다, 신선하다, 참신하다		由……负责	yóu……fùzé	명 ~이 담당하다 (책임지다)
行程	xíngchéng	명 여정, 길, 진행 과정, 진도		有名	yǒumíng	형 유명하다, 명성이 높다
性能	xìngnéng	명 성능		优秀	yōuxiù	형 우수하다
修改	xiūgǎi	동 수정하다, 고치다		优秀的	yōuxiùde	훌륭한
需求	xūqiú	명 수요, 필요		由于……	yóuyú……	~때문에, ~으로 인하여
需要	xūyào	동 필요하다, 요구되다 명 (사물에 대한) 욕망, 요구		预订	yùdìng	동 예약하다
				预定的饭店	yùdìng de fàn diàn	예약한 호텔
				预定的酒店	yùdìng de jiǔdiàn	예약한 (고급)호텔
				遇见	yùjiàn	동 우연히 만나다, 마주치다
Y				预想不到	yùxiǎngbúdào	형 예상치 못하다
研发	yánfā	동 연구 개발하다		原来的样子	yuánlái de yàngzi	명 원래의 모습
演讲	yǎnjiǎng	동 강연하다				
研究	yánjiū	동 연구하다, 탐구하다		约会	yuēhuì	동 만날 약속을 하다 명 약속
演说	yǎnshuō	동 연설하다				
样品	yàngpǐn	명 샘플		越来越	yuèláiyuè	부 더욱더, 점점, 갈수록
样子	yàngzi	명 모양		越A，越B	yuè A yuè B	A할수록, B하다
要紧	yàojǐn	형 중요하다		运行	yùnxíng	동 운행하다
邀请	yāoqǐng	동 초청하다, 초대하다		运营	yùnyíng	형 운영하다
邀请函	yāoqǐnghán	명 초청장				
要求	yāoqiú	동 요구하다				
一定	yídìng	부 반드시, 꼭		**Z**		
以……的名义	yǐ……de míngyì	~ 의 명의로		造出	zàochū	동 만들어 내다
				早点儿	zǎodiǎnr	부 좀 일찍
一方面A, 另一方面B	yī fāngmiàn A, lìng yī fāngmiàn B	한 편으로는 A하고, 또 다른 한 편으로는 B하다		怎么……	zěnme……	왜~, 어째서 ~
				增补	zēngbǔ	동 보충하다
一行	yìxíng	명 일행, 동행		展览会	zhǎnlǎnhuì	명 전람회
饮料	yǐnliào	명 음료		占有率	zhànyǒulǜ	명 점유율
因素	yīnsù	명 (구성)요소, 성분, 원인, 조건		掌握	zhǎngwò	동 파악하다
印象	yìnxiàng	명 인상		招待	zhāodài	동 (손님이나 고객에게) 접대하다, 환대하다
应聘	yìngpìn	동 지원하다		招待所	zhāodàisuǒ	명 초대소
影响	yǐngxiǎng	명 영향		找工作	zhǎo gōngzuò	일자리를 찾다

着急	zháojí	동 조급해하다, 안달하다, 안타까워하다, 초조해하다
召开	zhàokāi	동 (회의를)열다, 개최하다
招聘	zhāopìn	동 채용하다, 모집하다
这个月底	zhège yuèdǐ	이번 달 말
这么	zhème	대 이러한, 이렇게
这样	zhèyàng	대 이와 같은, 이렇게
真情	zhēnqíng	형 진심이다
正	zhèng	부 마침
正规	zhèngguī	형 정규의, 표준의
正式	zhèngshì	형 정식의, 공식의, 정규의
致	zhì	동 (감정 등을) 표시하다, 나타내다
支持	zhīchí	동 지지하다
指出	zhǐchū	동 지적하다
之间	zhījiān	명 ~의 사이
直接	zhíjiē	형 직접적인
质量	zhìliàng	명 품질
制造	zhìzào	동 제조하다, 만들다
制造产品	zhìzào chǎnpǐn	명 제조상품
重视	zhòngshì	동 중시하다
重要	zhòngyào	형 중요하다
终于	zhōngyú	부 마침내, 결국, 끝내
主动	zhǔdòng	형 능동적인, 자발적인
祝贺	zhùhè	동 축하하다
祝酒词	zhùjiǔcí	명 축배사
主意	zhǔyi	명 방법, 생각, 아이디어, 의견, 견해, 생각, 결심
抓	zhuā	동 쥐다, 잡다
专门	zhuānmén	부 특별히, 일부러
专业	zhuānyè	명 전공
状况	zhuàngkuàng	명 상황
庄重	zhuāngzhòng	형 위엄이 있다
准备	zhǔnbèi	동 준비하다
准备事宜	zhǔnbèishìyí	명 준비사항
自动化	zìdònghuà	동 자동화하다
仔细	zǐxì	형 세심하다, 조심하다, 주의하다
总公司	zǒnggōngsī	명 본사
走访	zǒufǎng	동 방문하다
组织	zǔzhī	동 조직하다, 구성하다
最少也得……	zuìshǎo yě děi ……	최소 ~는 해야 한다
做客	zuòkè	동 손님이 되다
座谈会	zuòtánhuì	명 좌담회
做主	zuòzhǔ	동 책임지고 결정하다

备 / 忘 / 录